空き家3割時代到来！

激変する既存住宅ビジネスと税制活用

清文社

はじめに

　日本は今、人口は減少局面に入っているものの世帯数は増加しているという、いささか特殊な状態にある。国立社会保障・人口問題研究所によると、総世帯数は2019年にピークアウトすると推計されており、ほとんどの先進国が経験したことのない人口・世帯数減少時代が、いよいよ目前に迫ってきた。

　人口・世帯数減少は、国内の様々な市場に影響を及ぼすと見込まれるが、特にその影響が大きいと考えられるのが住宅市場である。国内住宅市場はこれまで、気候・風土や文化の影響を強く受け、新設住宅に依存した構造をとってきた。本格的に人口・世帯数が減少していく中で、新設住宅着工戸数は中長期的に減少していくことが避けられない。新設住宅に依存してきた住宅業界は、抜本的な事業構造転換が必要となるであろう。

　新設住宅着工戸数が減少しても、それを上回るペースで世帯数が減少すると懸念されるのが、空き家数および空き家率の増大である。総務省「平成25年住宅・土地統計調査」によれば、2013年の空き家数は820万戸、空き家率（総住宅数に占める空き家の割合）は13.5％と、いずれも過去最高となった。このままでは、2033年の空き家数は約2,000万戸を超え、空き家率は30％を超えると見込まれる。

　空き家率が20％を超えてくると、住環境悪化や行政コスト増大などの問題が生じる可能性がある。人口減少対策はもちろん、活用価値が低下した住宅の除却、既存住宅流通市場の整備、複数戸の住宅を１戸の住宅にリフォームやリノベーションする減築、コンパクトシティの実現などを積極的に進めていく必要がある。

　以上のような背景に基づき本書は、建設・不動産・住宅関連業界のリサーチ・コンサルティングを手掛けるコンサルタントと、不動産関連税制

に携わっている税理士・会計士が共同で執筆した。まず第1章・2章では、顕在化しつつある空き家問題と重要性が増しつつある既存住宅活用について、今後の市場予測や論点整理を行った。続く第3章では、空き家や既存住宅に関連する各種税制について整理した。最後に第4章では、新しい税制の創設によって、既存住宅ビジネスに関するインセンティブを確立するという観点から、将来的な課題に対処すべくいくつかの提言を行っている。今後の住環境整備、国土創造、それに伴う税財政等の政策・立案の参考となれば幸いである。

　日本は世界でいち早く超高齢化社会を迎え、経済・社会の成熟化はますます進展するものと見込まれる。この成熟化社会において、どのように住宅市場を育成し、持続的な発展を維持していくのかということは、世界の先進課題になり得る。日本が官民協働で、いち早くこの課題に対するソリューションを構築することができれば、グローバルな競争力強化の一助にもなる。本書が、今後の政策立案や新たな市場創造のきっかけになれば幸いである。

　平成29年4月

著者を代表して
株式会社野村総合研究所
グローバルインフラコンサルティング部長
上席コンサルタント　榊原　渉

目次

第1章　顕在化しつつある空き家問題

1　2033年、空き家率は30％を超える？ …………………………… 2
　（1）両隣の家のうち片方が空き家になる …………………………… 2
　（2）日本の空き家率は未だ深刻な水準ではない ………………… 3
　（3）世帯数の伸びが鈍化しはじめると一気に深刻化する ……… 5
　（4）空き家問題は人口・世帯数減少時代の象徴的な問題となる ……… 7

2　空き家問題を解消するためには？ ……………………………… 10
　（1）人口減少を食い止めることが一番である ……………………… 10
　（2）"新築制限"はできれば避けたい ………………………………… 11
　（3）総住宅数を増やさない工夫が必要である ……………………… 13
　（4）既存住宅流通市場の活性化により空き家率の適正水準を変える … 14

3　空き家数・総住宅数を減らすためには？ ……………………… 17
　（1）除却するべき住宅は除却する …………………………………… 17
　（2）"減築"することも有効である …………………………………… 19
　（3）住宅以外の用途として活用する ………………………………… 21

4　一世帯当たりの住宅戸数を変えることはできるか？ ………… 24
　（1）一世帯当たりの住宅戸数を増やすことができれば空き家は減る … 24
　（2）空き家を二地域居住や多地域居住の受け皿にする ………… 26
　（3）二地域居住や多地域居住がしやすい社会をつくる ………… 28

5　空き家の地域別実態は？ ……………………………………… 31

（1）空き家の約半数は建物の性能的には活用可能性が高い ……… 31
　　（2）空き家の特徴は地域ごとに異なる ……………………………… 32
　　（3）空き家の対策は地域ごとに異なる ……………………………… 34
6 空き家所有者の実態は？……………………………………………… 38
　　（1）空き家所有者の約半数は空き家を放置している ……………… 38
　　（2）「買い手が見つからない」ことが最大の課題となっている ……… 40
　　（3）空き家の所在地は徐々に都市部にシフトする ………………… 42
7 空き家率の維持・低下に向けて何をすべきか？…………………… 44

第2章　重要性が増す既存住宅の活用

1 住宅政策の大きな論点は何か？……………………………………… 48
　　（1）2016年3月、住生活基本計画が閣議決定された ……………… 48
　　（2）既存住宅の活用が住宅政策のポイントとなっている ………… 49
2 日本の人口・世帯数は今後どうなるか？…………………………… 53
　　（1）人口は既に減少し、世帯数の減少も目前に迫る ……………… 53
　　（2）家族形態の多様化が進む ………………………………………… 54
3 新設住宅着工戸数の中長期的な見通しは？………………………… 59
　　（1）100万戸時代は終焉した ………………………………………… 59
　　（2）2030年、新設住宅着工戸数は50万戸台になる ……………… 60
　　（3）2030年、大工人口は14万人にまで減少する ………………… 62

（4）職人不足は構造的な問題である ……………………………… 64
　　（5）大工の生産性を向上させる必要がある ……………………… 68
4 リフォーム市場は成長市場か？………………………………………… 70
　　（1）今の構造が続けば2030年まで横ばいで推移する …………… 70
　　（2）ポテンシャルを顕在化させる工夫が必要である …………… 72
5 既存住宅流通量の現状と中長期的な見通しは？……………………… 74
　　（1）2030年の既存住宅流通量は34万戸に増加する ……………… 74
　　（2）政策目標を達成するためには約13万戸を上積む必要がある ……… 79
　　（3）既存住宅流通量を拡大するためには「移動人口」の拡大が重要である … 81
　　（4）移動人口の拡大は生活者の住生活環境の質的向上につながる …… 82
6 米国における既存住宅流通の仕組みと日本のビジネス環境は？… 85
　　（1）米国では情報開示に伴う買主責任が定着している …………… 85
　　（2）日本ではリノベーション事業・買取再販事業が普及しつつある … 88
7 人口・世帯数減少時代に住宅市場を活性化できるか？…………… 90
　　（1）自分に合った住宅を選びやすい環境を整えるべき …………… 90
　　（2）住宅産業のイノベーションが求められる …………………… 92

第3章　空き家を巡る税金

1　空き家の保有……………………………………………… 96
（1）固定資産税等の概要 ……………………………………… 96
（2）固定資産税等の課税標準と税率 ………………………… 97
（3）固定資産税等の住宅用地の課税標準の特例 …………… 97
（4）固定資産税等のその他の特例 …………………………… 101

2　空き家の相続……………………………………………… 106
（1）相続税の概要 ……………………………………………… 106
（2）土地および家屋の評価 …………………………………… 107
（3）空き家に対する小規模宅地等の特例の適用の検討 …… 109
（4）相続人不存在 ……………………………………………… 115
（5）相続における登録免許税 ………………………………… 120
（6）相続における不動産取得税 ……………………………… 120

3　空き家の処分（譲渡以外）……………………………… 121
（1）空き家の減築における固定資産税等の取扱い ………… 121
（2）空き家の除却における取壊し費用および資産損失の取扱い …… 125
（3）空き家の贈与と贈与税の取扱い ………………………… 127
（4）空き家の寄附と所得税の取扱い ………………………… 130

4　空き家の譲渡……………………………………………… 134
（1）不動産を譲渡したときの税金の概要 …………………… 134

（2）居住用財産を譲渡したときの3,000万円特別控除の特例………… 135
　（3）居住用財産を譲渡したときの軽減税率の特例 ……………………… 137
　（4）居住用財産を譲渡したときの譲渡損失の損益通算と繰越控除 … 138
　（5）被相続人の居住用財産を譲渡したときの3,000万円特別控除の特例… 141
　（6）不動産を譲渡したときの印紙税 ……………………………………… 146
　（7）空き家に関する補助金等と譲渡所得の取扱い …………………… 147
　（8）自宅を譲渡したときの消費税 ………………………………………… 150
5 空き家の活用（賃貸）……………………………………………… 151
　（1）空き家の貸付け ………………………………………………………… 151
　（2）減価償却と耐用年数 …………………………………………………… 157
　（3）負債利子の控除 ………………………………………………………… 159
　（4）消費税 …………………………………………………………………… 159
6 既存住宅の取得…………………………………………………………… 166
　（1）既存住宅を取得したときの税金の概要 …………………………… 166
　（2）既存住宅を取得したときの登録免許税 …………………………… 166
　（3）既存住宅を取得したときの不動産取得税 ………………………… 170
　（4）既存住宅を取得したときの消費税 ………………………………… 174
　（5）既存住宅を取得したときの住宅ローン控除（住宅ローン減税）… 175
　（6）すまい給付金 …………………………………………………………… 183
　（7）既存住宅を自己資金で増改築したときの税額控除 ……………… 184
　（8）居住用財産の買換え特例を利用した既存住宅の取得 …………… 186
　（9）既存住宅を取得するための住宅取得等資金の贈与の特例 ……… 187
　（10）買取再販で扱われる既存住宅の取得の特例措置 ………………… 190

第4章　空き家の活用促進と既存住宅の流通促進に向けて

1　除却・減築の促進 ……………………………………………… 195
　（1）除却には費用負担が、減築には投資負担が伴う …………… 195
　（2）新しい税制の創設によって、除却のインセンティブを確立する … 196

2　用途転換の促進 ………………………………………………… 199
　（1）用途転換には、法的規制も影響するし、投資負担も伴う ……… 199
　（2）新しい税制の創設によって、用途転換のインセンティブを確立する … 200

3　複数住宅所有の促進 …………………………………………… 201
　（1）今の日本の社会システムは、一世帯＝一戸が前提となっている …… 201
　（2）新しい税制の創設によって、
　　　複数住宅所有のインセンティブを確立する ………………… 202

4　リフォームの促進 ……………………………………………… 204
　（1）リフォームしやすい環境整備は、
　　　空き家活用および既存住宅流通を促進する前提となる ………… 204
　（2）新しい税制の創設によって、
　　　既存住宅のリフォームのインセンティブを確立する ………… 205

5　既存住宅流通の促進 …………………………………………… 206
　（1）既存住宅の売却側にインセンティブが乏しい ……………… 206
　（2）新しい税制の創設によって、
　　　既存住宅の流通のインセンティブを確立する ………………… 207

―― 凡　例 ――

本書における法令等については、次の略称を使用しています。

通法……………国税通則法
法法……………法人税法
法令……………法人税法施行令
法基通…………法人税基本通達
消法……………消費税法
消令……………消費税法施行令
消規……………消費税法施行規則
消基通…………消費税基本通達
所法……………所得税法
所令……………所得税法施行令
所規……………所得税法施行規則
所基通…………所得税基本通達
相法……………相続税法
相令……………相続税法施行令
相規……………相続税法施行規則
相基通…………相続税基本通達
評基通…………財産評価基本通達
措法……………租税特別措置法
措令……………租税特別措置法施行令
措規……………租税特別措置法施行規則
措通……………租税特別措置（基本・取扱）通達

※本書の内容は、平成29年4月1日現在の法令等に基づいています。

■著者紹介

榊原 渉（さかきばら わたる）

1998年早稲田大学大学院理工学研究科建設工学専攻修了後、株式会社野村総合研究所に入社。現在グローバルインフラコンサルティング部長／上席コンサルタント。

専門は建設・不動産・住宅関連業界の事業戦略立案・実行支援など。国土交通省社会資本整備審議会専門委員、財団法人経済調査会価格調査評価監視委員会委員。著書に「2015年の建設・不動産業」（東洋経済新報社、共著）、論文に「2030年の住宅市場」（NRI『知的資産創造15年8月号』）等。

大野 貴史（おおの たかし）

公認会計士・税理士。平成8年太田昭和監査法人（現新日本監査法人）入所。以後、税理士法人や証券会社等で、会計・税務業務に従事。平成28年大野公認会計士事務所開業。連結納税・組織再編税制、富裕層に対するPB業務、相続・事業承継を中心に、M&Aアドバイザリー業務や税務・財務DD、企業評価業務を行う。

著書に『誰も教えてくれなかった 実地棚卸の実務Q&A』（中央経済社、共著）、『事業承継の法律実務と税務Q&A』（青林書院、共著）、『改正会社法対応版 会社法関係法務省令逐条実務詳解』（清文社、共著）等。

長岡 栄二（ながおか えいじ）

税理士。平成5年税理士登録。平成8年長岡栄二税理士事務所開業。開業後は、税務全般の申告・相談業務及び会計指導のほか、財務調査、株価鑑定、破産、会社更生、民事再生等の調査業務などにも関与。

著書に『徹底解明 会社法の法務・会計・税務』（清文社、共著）、『税理士のための相続をめぐる民法と税法の理解』（ぎょうせい、共著）、『事業承継の法律実務と税務Q&A』（青林書院、共著）、『改正会社法対応版 会社法関係法務省令逐条実務詳解』（清文社、共著）等。

平田 久美子（ひらた くみこ）

税理士。平成13年税理士登録、平成18年平田久美子税理士事務所開設。中小法人や公益法人の税務・会計業務のほか、不動産保有者向けの所得税や相続税の申告・相談業務を多く手がけている。

著書に『相続税相談所』（中央経済社）、『保険税務Q&A』（税務研究会出版局、共著）、『事業承継の法律実務と税務Q&A』（青林書院、共著）等。

第1章

顕在化しつつある空き家問題

1　2033年、空き家率は30％を超える？

（1）両隣の家のうち片方が空き家になる

　「2033年、日本の空き家率は30％を超える可能性がある」との予測を、筆者が率いる株式会社野村総合研究所（以下、NRIと略す）の研究チームでは発表している（図表1）。空き家問題は、人口・世帯数減少時代に我が国が直面する様々な社会問題のなかでも、生活者にとって非常に身近な問題であるため、各種メディアからの注目度も高い。

　空き家率が30％を超えるということは、どういう状態か？想像してみて欲しい。3軒に1軒が空き家ということであるから、自分の家を中心に考えると「両隣の家のうち片方が空き家」という状態である。都会のマンションでは、隣にどんな人が住んでいるかも分からないことが珍しくない

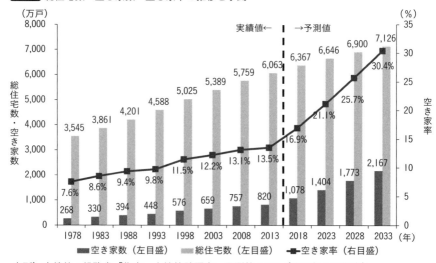

図表1　総住宅数・空き家数・空き家率の推移と予測

出所）実績値：総務省「住宅・土地統計調査」予測値：NRI（2016年6月発表）

とはいえ、全国平均で「隣が空き家」という状態は、治安の面から見ても決して好ましい状況とは言えないだろう。

米国の犯罪学者ジョージ・ケリングは、「Broken Windows Theory（ブロークン・ウィンドウズ理論）」を考案している。軽微な犯罪を徹底的に取り締まることで、凶悪犯罪を抑止できるとする環境犯罪学上の理論で、「建物の窓が壊れているのを放置すると、誰も注意を払っていないという象徴になり、やがて他の窓も全て壊される（治安が悪化していく）」との考え方から、ブロークン・ウィンドウズ理論と名付けられている。

日本における空き家率と犯罪発生率の関係性は定かではないけれども、空き家が増えていくと住宅地が荒廃していく可能性は否めない。なんとかして回避すべきではあるものの、以降でも述べるように即効性のある抜本的な解決策は見当たらず、多方面から様々な対策を講じるしかないため時間を要する。しかしながら、残された時間には限りもあるので、いち早く取り組む必要がある。例えるならば、巨大タンカーが迫りくる氷山を避けるのと似ていて、すぐに方向転換できない日本の空き家問題というタンカーを、生活者はもちろん行政や民間企業などが協力して、舵を切っていかなければならないのだ。

（2）日本の空き家率は未だ深刻な水準ではない

総務省「平成25年住宅・土地統計調査」によれば、2013年の空き家数は820万戸、空き家率（総住宅数に占める空き家の割合）は13.5％と、いずれも過去最高となった。調査結果が公表された翌日の日本経済新聞では一面トップで報じられる等、人口・世帯数減少時代において空き家率が高まっている現状に対して、警鐘を鳴らす報道も多かった（図表2）。しかしながら筆者は、過去最高水準ではあるものの、13.5％という現状の空き家率は、まだ深刻な水準ではないと考えている。

例えば、米国の空き家率と比較してみると、中長期的に見ても空き家率

第1章　顕在化しつつある空き家問題

は同程度に高まってきていることが分かる（図表3）。気候風土や文化など、社会的背景が異なる米国との比較だけで論じることはできないものの、日本における現状の空き家率は決して高くはない。

仮に、空き家率0％の世界を想像すると、総住宅数と世帯数が同じということであるから、建て替えや住み替えをすることも困難な状態ということになってしまう。では、空き家率の適正水準は、どの

図表2　2014年7月3日　日本経済新聞朝刊　1面

出所）2014年7月3日　日本経済新聞朝刊　1面

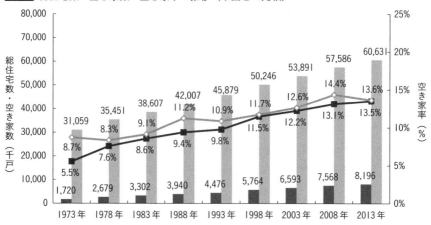

図表3　総住宅数・空き家数・空き家率の推移（米国との比較）

出所）総務省「住宅・土地統計調査」、U.S.「Census Bureau」よりNRI作成

程度か?という疑問が生じるけれど、筆者はおおよそ15%弱程度ではないかと考えている。理論的に証明することは難しいけれども、日本における空き家率の向上スピードが、人口がピークアウトするに伴い徐々に鈍化していること、つまり、サチュレーションしはじめていることを見ても、ある一定の均衡状態に達しつつあると考えられるからである。

(3) 世帯数の伸びが鈍化しはじめると一気に深刻化する

しかしながら今後、人口減少に加え世帯数の伸びまでが鈍化しはじめると、空き家率が急上昇することが懸念される。15%を超えて20%近くまで上昇すると、一気に深刻化する可能性がある。先述したブロークン・ウィンドウズ理論のように、空き家率の上昇に伴い住宅地の荒廃が進むことが懸念される。

国立社会保障・人口問題研究所の予測によれば、日本の世帯総数は2019年の5,307万世帯でピークを迎え、その後減少に転じると言われている

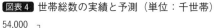

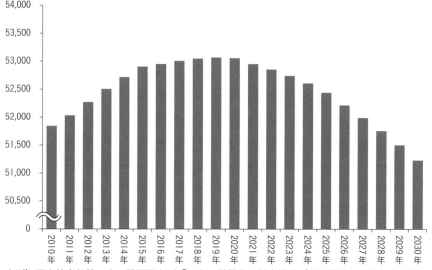

出所)国立社会保障・人口問題研究所「日本の世帯数の将来推計(全国推計、2013年1月推計)」よりNRI作成

(図表4)。先に紹介したNRI研究チームの予測によれば、世帯数がピークアウトする少し前、つまり、世帯数の伸びが鈍化しはじめる2018年頃から空き家率が急上昇しはじめる。空き家率の上昇に歯止めをかける「空き家対策」は、日本が取り組むべき喫緊の最重要課題の一つと言っても過言ではないだろう。

ここで一つ、注意しておきたいことは、ここまで述べてきた空き家率の適正水準が15％弱ではないかということや、20％を超えると深刻な水準ではないかということは、あくまでも全国平均での見方だということである。なぜなら、空き家率には地域格差があり、例えば都道府県別に見ても山梨県などは既に20％を超えている (図表5)。では、山梨県では既に住宅地の荒廃が進んでいるのかと言えば、そんなことは決してない。

そもそも、空き家率には地域格差があると指摘すると、「都市部が低く、地方部が高い」という印象を持つのではないだろうか。ところがそうでもないのである。例えば、都市部の代表例である大阪市の空き家率は、全国平均を上回っている (図表6)。ということは、一部の地方部では全国平均を下回っていることになるので、「空き家率は都市部が低く、地方

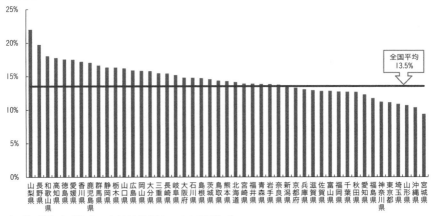

図表5 都道府県別空き家率（2013年）

出所）総務省「住宅・土地統計調査」よりNRI作成

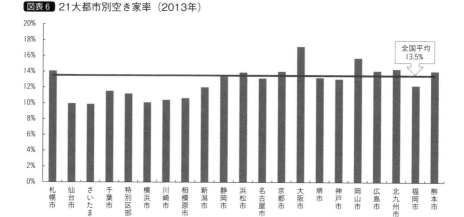

図表6　21大都市別空き家率（2013年）

出所）総務省「住宅・土地統計調査」よりNRI作成

部が高い」とは一概に言えず、空き家率の適正水準もミクロに見れば地域特性の影響を強く受けると考えられる。

（4）空き家問題は人口・世帯数減少時代の象徴的な問題となる

　あくまでも筆者の仮説であるけれども、空き家率の適正水準は、それぞれの地域に固有の水準があるのではないだろうか。その地域の都市構造や、背景となる歴史的経緯によって、ミクロに見た空き家率の適正水準は異なると考えられる。この仮説の妥当性は今後、色々な角度から検証する必要があるかもしれないけれども、マクロに見て空き家率の全国平均が20％を超える状況は、なんとしても避けるべきであることに異論はないだろう。

　日本は今後、人口・世帯減少時代に突入するため、人口・世帯数が増加することを前提として成立している社会システムを見直していく必要に迫られる。空き家問題はその代表的な問題の一つである。日本における戦後の住宅政策はまず、増大する人口・世帯数を支えるため、量（住宅の戸数）を充足させることに重点が置かれた。ある程度の量が満たされた後に

は、質（住宅の仕様や性能）を向上させていくことに重点が置かれた。しかし今後は、質を向上させつつも、必要以上に量を増やさないことを考えていかなければならない。

　日本は今、人口は減少局面に入っているものの世帯数は未だ増加してい

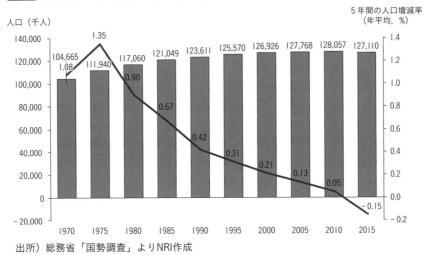

図表7　人口および人口増減率（年平均）の推移（1970～2015年）

出所）総務省「国勢調査」よりNRI作成

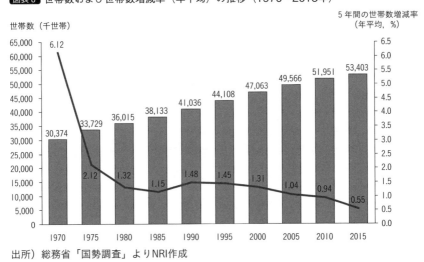

図表8　世帯数および世帯数増減率（年平均）の推移（1970～2015年）

出所）総務省「国勢調査」よりNRI作成

るという、いささか特殊な状態にある（図表7 図表8）。国立社会保障・人口問題研究所によると、総世帯数は2019年にピークアウトすると推計されているけれども、先進国のなかでも、ほとんどの国が経験したことのない人口・世帯数減少時代が、いよいよ目前に迫ってきた。いわば、空高く投げられたボールが頂点を極め、一瞬制止した後、落下を始める直前の状態と似ている。

　とりわけ2020年は、東京オリンピック・パラリンピック競技大会が開催されるだけでなく、日本にとって大きな転換期になると見込まれる。世帯数減少時代の幕開けであるとともに、団塊の世代が後期高齢者（75歳以上）に突入するタイミングでもある。2020年は、東京オリンピック・パラリンピック競技大会という、多くの日本人にとって共通の目標となる年であるとともに、人口・世帯数という切り口で見ても大きなターニングポイントになるだろう。

　つまり、これまでの日本の成長を支えてきた社会システムの前提が崩壊することになるため、人口・世帯数減少を前提とした社会システムに作り変えていくことに、我々日本人は挑戦しなければならないのだ。非常にタフな挑戦になると思われるものの、なんらかの解を見出す必要がある。そして、解を見出すことができれば今後、日本と同様に人口・世帯数がピークアウトしていく世界の国々に、大きな指針を示すことができる。

2　空き家問題を解消するためには？

（1）人口減少を食い止めることが一番である

　では、空き家問題を解決するためには、あるいは、現在の空き家率は未だ深刻な水準ではないという前提に立てば、空き家率を維持・低下させるためには、どうしたらよいであろうか？そもそも「空き家率」は、「空き家数」を「総住宅数」で除して求められる。「空き家数」そのものは、「総住宅数」から「居住世帯あり住宅数」を引いて算出される「居住世帯なし住宅」から、「建築中住宅数」と「一時現在者のみ住宅数（昼間だけ使用している、何人かの人が交代で寝泊まりしているなど、そこにふだん居住している者が一人もいない住宅）」を引いて算出される（図表9）。ここで、「建築中住宅」と「一時現住者のみ住宅」は、全体に占める割合は軽微であることから、検討対象外とする。すると、空き家率を維持・低下させるためには大きく、①空き家数を減らす、②総住宅数を減らす、③居住世帯あり住宅数を増やす、という3つの方向性があると考えられる。

　これらのうちまず、③居住世帯あり住宅数を増やす、ことについて考え

図表9　「空き家率」の算出方法

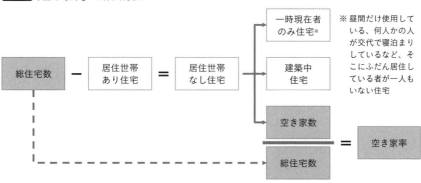

出所）総務省「住宅・土地統計調査」よりNRI作成

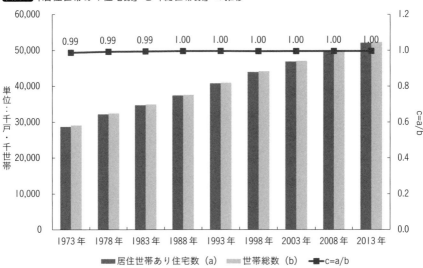

図表10 「居住世帯あり住宅数」と「総世帯数」の推移

出所）総務省「住宅・土地統計調査」よりNRI作成

てみる。日本の場合、居住世帯あり住宅数と世帯数の数はほぼ一致していることから、居住世帯あり住宅を増やすことは、世帯数を増やすことになる（図表10）。ここで、一世帯当たり住宅数を増やすことも一つの論点となりうるが、後述することにする。

世帯数を増やすためには、人口を増やすか、一世帯当たり人員数を減らす必要がある。しかしながら、一世帯当たり人員数を減らすことは、世帯規模の縮小化を進めることになるため、必ずしも好ましい状態ではない。したがって、居住世帯あり住宅数を増やすためには、人口を増やす必要があると言える。人口を増やすこと、あるいは、人口減少を食い止めることは、空き家率の維持・低下に最も効果があるうえ、様々な社会経済面でも好影響をもたらすことは間違いない。

（2）"新築制限"はできれば避けたい

次に、②総住宅数を減らす、ことについて考えてみたい。総住宅数を減

らすためには、A. 新築を制限するか、B. 除却・減築を進めるか、C. 住宅以外の用途転換を進める必要がある。しかしながら、新築を制限することは、経済面への影響も大きいため、できれば避けたいと考える。現在、日本のGDP約500兆円のうち、住宅投資は14〜15兆円程と、約3％を占めている（図表11）。住宅投資そのもの以外でも、家電製品や家具などの住宅投資と関連性の深い耐久消費財も多い。空き家率を維持・低下させるためとはいえ、むやみに新築を制限してしまうと、日本経済に及ぼす影響も小さくないのである。

特に近年は、相続税対策をきっかけに賃貸住宅を建設するケースが増えている。マイナス金利により不動産向け融資が増えていることもあり、サラリーマン大家が増えているとも言われている。こうした賃貸住宅の建設や投資の一部は、必ずしも実需を踏まえたものでないケースがあるため、将来の空き家率を向上させることにならないかと懸念されている。もちろん、多くはきちんとしたマーケティングに基づく適切な投資であるうえ、こうした賃貸住宅の建設や投資が、建設会社や金融機関の収益を多少なり

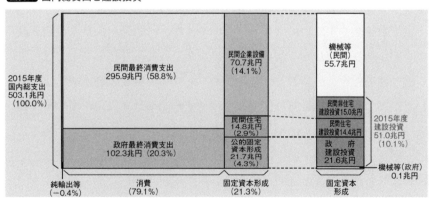

図表11 国内総支出と建設投資

注1）（　）内は国内総支出中に占める割合を示す。
注2）建設投資中の「民間住宅」は国内総支出中の「民間住宅」と概念上は同一であるが、推計機関が異なるため数値が若干異なる。
出所）内閣府「平成28年度の経済見通しと経済財政運営の基本的態度」、国土交通省「建設投資見通し」より

とも下支えしていることも事実であるため、一概に批判されるものではない。とは言え、空き家問題が深刻化してくると、新築制限についても、真剣に検討しなければならない時期が来るかもしれない。

（3）総住宅数を増やさない工夫が必要である

　もちろん、色々と工夫をしながら新築制限することは有効である。あくまでも総住宅数を増やさないために新築制限するのだから、新築するためには、同じ戸数分の除却を行うことを義務付けるといった考え方はあろう。除却した戸数分、新築する権利を付与することができれば、人口・世帯数減少時代の住宅政策において、画期的な仕組みになるかもしれない。さらに、その権利を売買することができれば、除却のインセンティブになることも想定されるので、全く新しい市場を形成することができる可能性もある。

　また、エリア毎に新築制限する方法も考えられる。人口・世帯数減少時代において、無尽蔵に宅地を増やしていくことは、インフラ整備・維持の負担を増大することにもつながるため、一考の価値はあろう。一部の地方自治体では、こうした取り組みが既に行われ始めていると聞く。

　国土交通省が重点施策としている「コンパクトシティ・プラス・ネットワーク」は、直接的に新築制限はしていないものの、特定地域に住宅等を集約しようとしている点では、空き家率の維持・低下に効果があると考えられる。「コンパクトシティ・プラス・ネットワーク」とは、人口減少・高齢化が進むなか、特に地方都市において、地域の活力を維持するとともに、医療・福祉・商業等の生活機能を確保し、高齢者が安心して暮らせるよう、地域公共交通と連携して、コンパクトなまちづくりを進めることである（図表12）。2014年8月に都市再生特別措置法の一部改正法、同年11月に地域公共交通活性化再生法の一部改正法がそれぞれ施行され、生活拠点などに、福祉・医療等の施設や住宅を誘導し、集約する制度（立地適正

図表12 「コンパクトシティ・プラス・ネットワーク」のイメージ

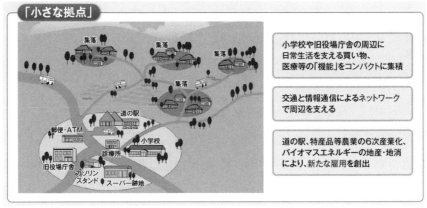

出所）国土交通省「国土のグランドデザイン2050」パンフレットより

化計画制度）や、地方公共団体が中心となり、まちづくりと連携して面的な公共交通ネットワークを再構築するための新たな仕組みが設けられた。都市全体の構造を見渡しながら、住宅および医療・福祉・商業その他の居住に関連する施設の誘導と、それと連携した地域公共交通ネットワークの再編を行うことにより、コンパクトシティ＋ネットワークの実現を図ろうとしている。人口・世帯数減少時代におけるまちづくりの考え方として注目される。

（4）既存住宅流通市場の活性化により空き家率の適正水準を変える

　先にも述べたように、このままでは日本の空き家率は2033年に30％を超える可能性がある。空き家率が30％を超えるということは、自分の家の両隣のうち、一方が空き家ということである。長期間に渡り隣家が空き家という状態は、防犯面はもちろん、防災面でも好ましい状態とは言えない。住宅の倒壊や屋根・外壁等の脱落・飛散、ゴミ等の放置・不法投棄等が懸念される。

　増加する空き家に対応するため、2014年11月に「空家等対策の推進に関

図表13 空家等対策の推進に関する特別措置法（概要）

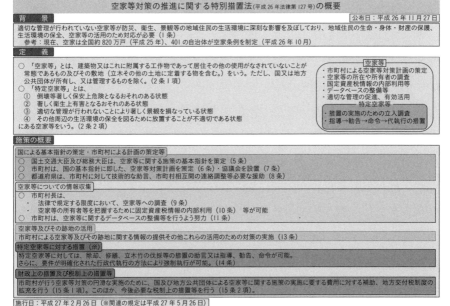

出所）国土交通省より

する特別措置法（通称：空き家対策特別措置法）」が公布された（**図表13**）。同法律では主に、以下について定められている。

——国による空き家に関する施策の基本方針の策定および市町村による空き家対策計画の策定等

——市町村による空き家についての情報収集および活用のための対策実施

——特定空き家に対する措置

——財政上の措置および税制上の措置

同法律では特に、適切な管理が行われていない空き家として「特定空き家」に指定された場合、行政代執行の方法により建物の解体等を強制執行できることとされている。地方自治体によって、空き家を強制撤去することについて法的根拠づけがなされたという点では、非常に大きな一歩とな

るものの、その適用については、いずれの地方自治体でも慎重な姿勢であり、抜本的な解決とまではいかないだろう。

　空き家問題への対策として、期待されているのが既存住宅流通市場の活性化である。確かに、既存住宅流通市場が活性化され、流通量が増加していけば、空き家を売買しようとする人が増えていくことが期待できる。空き家対策特別措置法が、そうした動きを後押しする効果も期待される。しかしながら、既存住宅流通市場が活性化しても、絶対的な空き家数や空き家率が減少することは無い。空き家を購入した人は、今まで住んでいた住宅から住み替えるだけなので、世帯数が増えなければ、もしくは、一世帯が保有する住宅数が変わらなければ、既存住宅流通市場が活性化しても空き家数や空き家率の維持・低下に、直接的な効果は期待できない。しかしながら、既存住宅流通市場が活性化すれば、空き家の適正水準を上げることができるかもしれない。

　先にも述べたように、現在の空き家率は未だ深刻な水準ではなく、15％未満程度を維持していれば問題ないと考える。しかし、既存住宅流通市場が活性化して、空き家の流動性が高まれば、空き家率が20％を超えても深刻な状態にはならないかもしれない。つまり、自分の家の両隣のうち、一方が空き家という状態であったとしても、長期間に渡って空き家なのではなく、ある程度の周期で人が住んでいれば、防犯面でも防災面でも深刻な問題とはならないだろう。このように考えれば、既存住宅流通市場が活性化すれば、空き家数や空き家率を維持・低下させることはできなくとも、問題の深刻化は防げる可能性がある。

3 空き家数・総住宅数を減らすためには？

（1）除却するべき住宅は除却する

　当然ながら、空き家数・総住宅数を減らすことに直接効果があるのは、除却を進めることである。総務省「平成25年住宅・土地統計調査」によれば、2013年の空き家数は820万戸となっている。このうち、腐朽・破損がありそのまま居住困難な空き家は208万戸（空き家全体の約25％）となっている。さらに、新耐震基準以前の1980年以前に完成した空き家は130万戸（空き家全体の約16％）となっている（図表14）。これらの空き家も大規模修繕や耐震補強を行えば、居住可能になる住宅も多いだろう。しかしながら、既に人口・世帯数が減少している地域等、そもそもの需要が見込めな

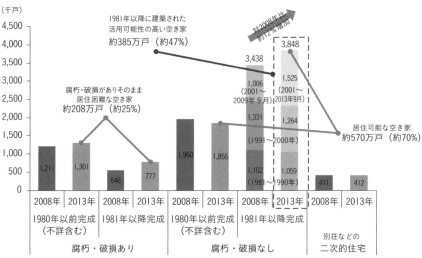

図表14　空き家の内訳（腐朽・破損の有無、建築年および調査年別）

注1）「腐朽・破損あり」とは、建物の主要な構造部分（壁・柱・床・はり・屋根等）やその他の部分に不具合があるもの。
注2）（　）内の割合は、2013年における全国の空き家総数（約820万戸）に占める割合を表す。
出所）総務省「平成20年・25年 住宅・土地統計調査」よりNRI作成

い空き家については、除却することも考えざるを得ない。

　ところが、平均的な戸建て住宅を除却しようとすると、おおよそ100万円程度かかると言われている。さらに、空き家を除却してしまうと固定資産税・都市計画税の特例措置が適用されなくなる。そのため、空き家を更地にして売却する等を前提としないと、積極的に除却するインセンティブは働かない。

　このような状況を改善すべく、一部の地方自治体においては、空き家を除却することに対して、解体費の一部を補助する等の支援措置が講じられている。また、空き家対策特別措置法により、住宅用地の特例措置も、2015年度からは特定空き家等への適用は無くなることが決定された。しかしながら、特定空き家は以下のように定義されているため、空き家のなかでもごく一部となり、抜本的な解決には程遠い。

　——そのまま放置すれば倒壊等著しく保安上危険となるおそれのある状態
　——そのまま放置すれば著しく衛生上有害となるおそれのある状態
　——適切な管理が行われていないことにより著しく景観を損なっている状態
　——その他周辺の生活環境の保全を図るために放置することが不適切である状態

　活用可能性の低い住宅を除却していくためには、最終的には国民の意識を変えていく必要があるだろう。除却するためには、解体費負担が必要になるし、そこに補助金を適用するとしても財源は税金であるから、国民が負担していることに変わりは無い。除却したらしたで今度は、固定資産税・都市計画税の特例措置が適用されなくなることで、税負担は増える。除却しないのであれば、特定空き家に認定されないよう、適切な維持管理をする必要があり、やはり一定の費用負担が発生するだろう。

　日本ではこれまで、不動産資産を保有することは、ある種の権利を有す

ることであり、そのメリットばかりが注目されてきたように思う。確かに、不動産価格が右肩上がりであった時代は、資産を保有することのメリットを享受することができた。ところが空き家が増え、空き家率が一定水準を超えてくると、不動産資産を保有することによる責任を認識しなければならなくなる。これは非常に大きな価値観の転換が強いられるだろう。最終的には、国民一人一人の意識を変えていかなければならない。

（２）"減築"することも有効である

　近年、"減築"という用語を目にする機会が増えたように思う。"減築"については、明確な定義がある訳ではないようだけれども、"建築"に相対する概念として使われていることが多い。建物を作る"建築"という行為に対して、建物を壊す（解体する）行為を"減築"と称している場合もあるし、建物の延床面積を減らしたり（二階建てを平屋に建て替えることも含まれる）、複数戸の住宅を１戸の住宅にリフォームやリノベーションしたりすることを指している場合もある。空き家数・総住宅数を減らすためには、こうした"減築"も有効である。特に、複数戸の住宅を１戸の住宅に"減築"することは、既存ストックを有効に活用することにもなるうえ、住宅の質的向上にも寄与していると言える。

　UR都市機構では、建替事業中であるひばりが丘団地（東京都東久留米市）の解体予定の３棟を活用して、ストック再生実証試験を行っている（図表15）。既存賃貸住宅ストックを、多様化するニーズに対応できる住宅へ再生し有効活用するため、住棟単位でのバリアフリー化、あるいは21世紀に相応しい間取り、内層・設備へ改修するとともに、景観にも配慮したファサードの形成等、従来の階段室型住棟の性能・イメージの一新を図る多様な技術開発を行っている（図表16）。なかでも、既存の戸境壁を撤去し、二戸一化によってファミリー対応の横に広がりのある住空間にリノベーションしている事例は興味深い（図表17）。住宅の"量"が必要だっ

図表15 ひばりが丘団地におけるストック再生実証試験

出所）UR都市機構より

図表16 ひばりが丘団地におけるストック再生実証試験

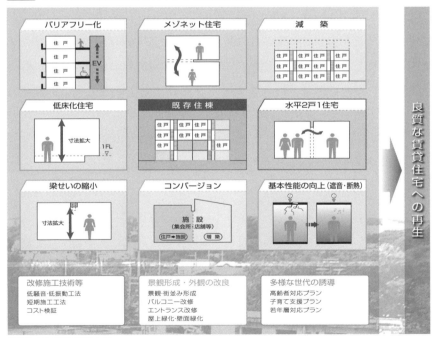

出所）UR都市機構より

図表17 ひばりが丘団地におけるストック再生実証試験

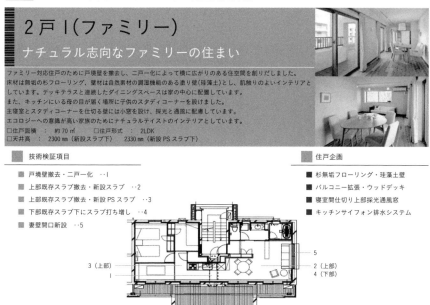

出所）UR都市機構より

た時代に建築された集合住宅が時代を経て、生活者の多様なニーズに応えるため、既存住宅の"質"を向上させる手法として非常に示唆に富むのではないだろうか。

（3）住宅以外の用途として活用する

　既存住宅を社会資本ストックの一部として有効に活用することを考えるならば、住宅以外の用途として活用することも重要である。とりわけ、人口・世帯数が減少しはじめている地域では、需要が見込み難い住宅を住宅以外の用途にリノベーションして、地域活性化そのものに役立てていけるよう工夫すべきではないだろうか。いくつかの事例を紹介する。

　徳島県神山町は、県内全域に高速インターネット網が敷設されていることや、自然豊かな過疎地域であることを強みとして、NPO法人グリーン

バレーが中心となり、空き古民家を活用した、ITベンチャー企業などのサテライトオフィスの誘致を行っている。2015年時点で、13社のITベンチャー企業などがサテライトオフィスを開設し、90人程度（就業者の家族を含む）の移住者を創出した。人口・世帯数減少の進展が空き家を増加させるという負の循環を、いわば"逆回転"させた好事例と言えるのではないだろうか。

　東京都の「おうち保育園」では、空き家を保育所として有効活用している。事業主体であるNPO法人フローレンスは、東京都内の待機児童が多いエリアを中心に、空き家を活用して保育園を開園している。保育所の面積は狭くせざるを得ないものの、0〜2歳の低年齢児を対象に10人程度の少人数制を採用することで、一人一人の子どもを丁寧にケアできると言われている。全国的に保育所不足が問題となっているなか、まさに一石二鳥の取り組みではないだろうか。

　東京都板橋区では、UR団地の一住棟の空き家をサービス付き高齢者向け住宅「ゆいま〜る高島平」として活用している。ゆいま〜る高島平では、43㎡程度の既存住宅の段差解消工事などを行うとともに、単身の高齢者でもゆったりと住みやすい1DKや1LDKの間取りに変更した。また、敷地内の隣接した住棟に生活相談と安否確認サービスの拠点を設置している。URと賃貸借契約を締結した民間事業者のコミュニティネットが、サービス付き高齢者向け住宅を展開し、安否確認などのサービスを提供している。今後ますます高齢化社会が進展するなか、多くの地域で展開可能であろう。

　京都府では、伝統的な京町家を活用した事例が増えている。京都で宿泊施設運営事業などを展開するAJ Inter Bridgeは、京町家を活用して外国人向け宿泊施設を数十件開設している。これらの施設は、1棟貸切型宿泊施設で、1泊当たり2万3,000円〜6万3,000円の料金で提供されている。長期滞在や連泊をする外国人観光客に対応するために、洗濯機、簡易キッ

チン、料理器具などの家電が設置されている。今後、京都だけでなく、国内外の観光客が見込まれる東京や金沢において、空き家を有効活用した同様の事業展開が期待できる。訪日外国人旅行者数の増加が期待されるなか、国内宿泊施設数不足が確実視されているため、こうした取り組みに対する期待度も高い。

　このような空き家の用途変更に際しては、建築基準法や都市計画法、消防法、旅館業法など、既存の法規制が障壁となっているケースも多く、実態を踏まえた仕組みの見直しも必要である。

4 一世帯当たりの住宅戸数を変えることはできるか？

（1）一世帯当たりの住宅戸数を増やすことができれば空き家は減る

　先にも述べたように、「空き家数」そのものは、「総住宅数」から「居住世帯あり住宅数」を引いて算出される「居住世帯なし住宅」から、「建築中住宅数」と「一時現住者のみ住宅数」を引いて算出される。日本の場合、長年に渡り「居住世帯あり住宅数」と世帯数の数はほぼ一致してきたけれども、一世帯当たり住宅数を増やすことができれば、空き家率の維持・低下につながる。つまり、二地域居住や多地域居住が増えていけば、空き家率の維持・低下につながる（現在の空き家の定義に基づいて厳密に言えば、別荘等の二次的住宅は空き家に含まれてしまうので、二地域居住や多地域居住によって別荘が増えても、現在の定義では空き家率の維持・低下に寄与しない。）。

　国土交通省では、以下のような考え方から、二地域居住の推進を図るための情報発信等を行っている（図表18）。

　　――多様な価値・魅力を持ち、持続可能な地域の形成を目指すためには、地域づくりの担い手となる人材の確保を図る必要がある。
　　――しかし、国全体で人口が減少するなか、全ての地域で「定住人口」を増やすことはできない。そこでこれからは、都市住民が農山漁村などの地域にも同時に生活拠点を持つ「二地域居住」などの多様なライフスタイルの視点を持ち、地域への人の誘致・移動を図ることが必要となる。

　国土交通省が2013年1月に実施したアンケート調査によれば、5年以上前から二地域居住をしている人は全体の2.0％、この5年以内に二地域居住をはじめた人は1.8％となっている（図表19）。同アンケートは、都道

4 一世帯当たりの住宅戸数を変えることはできるか？

図表18 二地域居住のイメージ

出所）国土交通省より

図表19 「二地域居住」「移住・定住」実施状況

	n	%	(前回)n	%
5年以上前から「二地域居住」をしている	551	2.0	294	1.1
この5年以内に「二地域居住」をはじめた	508	1.8	230	0.9
5年以上前から「移住・定住」をしている ※	184	0.7	248	0.9
この5年以内に「移住・定住」をはじめた ※	215	0.8	404	1.5
いずれもしていない ※	26,778	94.8	25,778	95.6
総数	28,236	100.0	26,954	100.0

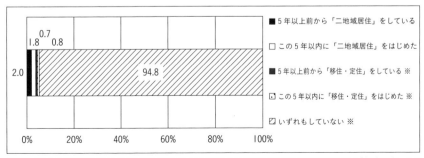

出所）国土交通省「2012年度社会情勢の変化に応じた二地域居住推進施策に関する検討調査」より

図表20 「二地域居住」「移住・定住」の実施希望時期

	n	%	(前回)n	%
「二地域居住」を5年以内にしたいと思う	344	1.3	2,102	8.2
「二地域居住」をいつかしたいと思う	2,102	7.9		
「移住・定住」を5年以内にしたいと思う	282	1.1	939	3.6
「移住・定住」をいつかしたいと思う	1,487	5.6		
どちらかわからないがしてみたいと思う	4,528	17.1	2,583	10.0
したいとは思わない	12,531	47.2	15,517	60.2
わからない	5,265	19.8	4,637	18.0
全体	26,539	100.0	25,778	100.0

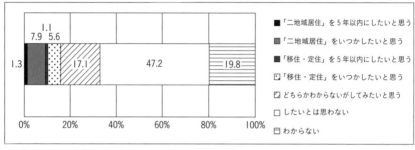

出所）国土交通省「2012年度社会情勢の変化に応じた二地域居住推進施策に関する検討調査」より

府県・年代・性別の3点で、2010年国勢調査人口割合と回答者の割合を一致させる方法を取っているため、全人口の約3.8％が二地域居住を実践していると見ることができる。まだまだ、ごく一部の動きではあるものの、徐々に増加傾向にあることが伺える。さらに、未実施の人のうち、二地域居住を5年以内にしたいと思う人は1.3％、二地域居住をいつかしたいと思う人は7.9％となっている（図表20）。現在の空き家率が13.5％であることを考えれば、希望者の割合は決して少なくない。

（2）空き家を二地域居住や多地域居住の受け皿にする

二地域居住の実施理由（主に該当する理由3つまでの複数回答方式）には、「ゆとりのある暮らしをしたかった（27.6％）」と「親の介護や実家の管理をしなければならなかった（17.1％）」が多くなっている（図表21）。資金的に余裕のある人が多いものの、必要性に迫られたケースも多いこと

図表21 「二地域居住」の実施理由

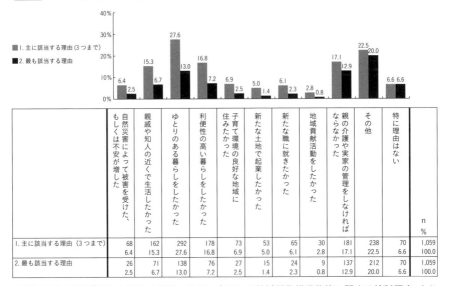

	自然災害によって被害を受けた、もしくは不安が増した	親戚や知人の近くで生活したかった	ゆとりのある暮らしをしたかった	利便性の高い暮らしをしたかった	子育て環境の良好な地域に住みたかった	新たな土地で起業したかった	新たな職に就きたかった	地域貢献活動をしたかった	親の介護や実家の管理をしなければならなかった	その他	特に理由はない	n %
1. 主に該当する理由（3つまで）	68 6.4	162 15.3	292 27.6	178 16.8	73 6.9	53 5.0	65 6.1	30 2.8	181 17.1	238 22.5	70 6.6	1,059 100.0
2. 最も該当する理由	26 2.5	71 6.7	138 13.0	76 7.2	27 2.5	15 1.4	24 2.3	9 0.8	137 12.9	212 20.0	70 6.6	1,059 100.0

出所）国土交通省「2012年度社会情勢の変化に応じた二地域居住推進施策に関する検討調査」より

図表22 「二地域居住」「移住・定住」の希望場所

		n %	以前住んだことのある地域	昔から憧れていた地域	親戚や知人のいる地域	拠点となる場所から近い地域	その他	特に、上記のようなこだわりはない
全体		2,000 100.0	555 27.8	409 20.5	500 25.0	358 17.9	235 11.8	325 16.3
実践者	二地域居住	899 100.0	280 31.1	152 16.9	247 27.5	155 17.2	119 13.2	124 13.8
	移住・定住	554 100.0	128 23.1	76 13.7	104 18.8	98 17.7	70 12.6	134 24.2
5年以内希望者	二地域居住	280 100.0	76 27.1	98 35.0	62 22.1	49 17.5	33 11.8	39 13.9
	移住・定住	267 100.0	71 26.6	83 31.1	87 32.6	56 21.0	13 4.9	28 10.5

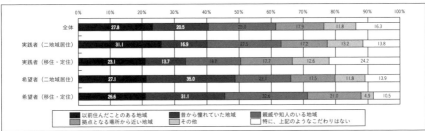

出所）国土交通省「2012年度社会情勢の変化に応じた二地域居住推進施策に関する検討調査」より

から、環境が整備されれば、実施する人が増える可能性もあるだろう。二地域居住の場所として、希望者の3割強が「昔から憧れていた地域」としているのに対し、実践者は現実的に「以前住んだことのある地域」や「親戚や知人のいる地域」といった身近な地域へ行く人が多いことも、悠々自適な生活を求めて実施する人ばかりではない可能性を示している（図表22）。

　増加しつつある空き家が、二地域居住や多地域居住の受け皿になることができれば、空き家数そのものが減少し、空き家率の維持・低下につながる。

（3）二地域居住や多地域居住がしやすい社会をつくる

　やはり国土交通省が2013年度に実施した「地方部における新たなライフスタイルの実現に関する調査」によると、二地域居住実践者からは、「往復交通費や住居を持つ場合の住居費用、税金、光熱費等の公共料金の支払いが負担になっている」ことに対する支援ニーズが高いと指摘されている。これまで、実践者の費用面での負担を低減するため、受け入れ側の地方自治体などが助成するケースは散見されるものの、継続的な実施にあたっては財源の確保の問題が生じることと、同時に予算の関係上、利用者枠が決まってしまい、受入数が限られてしまうと述べられている。

　全ての空き家対策にも共通するけれど、公的な補助金に依存した仕組みは継続性という観点で、どうしても問題が残る。できれば補助金に依存しない仕組みづくりが求められる。交通費については、二地域居住者向けの定期券のような発想もあり得るだろうし、税金や光熱費等については減免措置も考えられるだろう。税金については、住民税を二地域居住しているそれぞれの地方自治体に、居住日数に応じて案分して納付できる仕組みや、固定資産税等を減免する仕組みが検討されても面白いのではないだろうか。

国土交通省では、移住や二地域居住に対する潜在的な需要を喚起し、本格的な移住等を推進することを目的に実施している全国の各種取組（移住や二地域居住に係る情報提供や周知イベントの開催、宿泊体験プログラムや体験用宿泊施設の提供等）について、調査している（図表23）。

　当然のことながら、これまでの日本の社会システムは、二地域居住を前提とした制度設計になっていなかった。従来は確かに、二地域居住は一部の資金力のある人達が実践していたケースが多かった。しかしながら今後は、家族の介護等、様々な理由で必要に迫られる人達も増えてくると考えられる。二地域居住や多地域居住がしやすくなるように、言い換えれば、二地域居住によって増える負担を軽減する仕組みづくりも、空き家率の維持・低下に向けて有効なのではないだろうか。

第1章 顕在化しつつある空き家問題

図表23「お試し居住・体験暮らし」に係る取組状況（集計結果）【市町村】

H27.10.1調査時点

都道府県名	市町村数（平成27年10月1日現在）	市町村の取組状況 ①現在行っている	市町村の取組状況 ②行いたいと考えている	市町村の取組状況 ③行っていない	①情報提供 行っている	①情報提供 行いたいと考えている	②体験用宿泊施設等の提供 行っている	②体験用宿泊施設等の提供 行いたいと考えている	③移住を支援するNPO等への支援 行っている	③移住を支援するNPO等への支援 行いたいと考えている	④その他 行っている	④その他 行いたいと考えている
北海道	179	99	29	51	92	26	94	23	12	9	11	2
青森県	40	2	17	21	0	17	2	14	0	6	0	1
岩手県	33	3	11	19	3	11	3	10	0	4	1	0
宮城県	35	1	10	24	0	9	1	8	0	3	0	0
秋田県	25	13	7	5	13	7	4	8	2	2	0	0
山形県	35	9	15	11	9	15	6	14	2	5	1	1
福島県	59	15	11	33	12	9	7	5	4	2	1	3
茨城県	44	3	14	27	3	13	2	12	0	1	1	1
栃木県	25	5	3	17	4	3	4	1	0	0	0	0
群馬県	35	4	11	20	3	10	3	9	1	4	0	1
埼玉県	63	0	3	60	0	3	0	0	0	0	0	0
千葉県	54	8	3	43	6	3	5	3	1	1	1	2
東京都※	39	1	7	31	0	6	0	7	0	1	1	1
神奈川県	33	1	7	25	1	7	1	5	0	0	0	1
新潟県	30	12	10	8	10	9	8	11	2	1	3	6
富山県	15	10	4	1	8	4	9	3	3	1	1	1
石川県	19	6	7	6	6	6	3	6	0	4	2	4
福井県	17	6	7	4	4	7	3	6	1	4	0	2
山梨県	27	8	9	10	6	8	6	6	4	4	1	3
長野県	77	17	37	23	14	30	12	33	3	10	6	1
岐阜県	42	10	10	22	7	10	6	7	4	3	1	3
静岡県	35	8	16	11	7	12	2	8	6	4	0	2
愛知県	54	2	2	50	1	1	2	1	0	0	1	0
三重県	29	6	8	15	6	6	2	7	1	3	2	2
滋賀県	19	5	4	10	4	5	2	5	2	3	3	1
京都府	26	3	9	14	3	9	3	9	2	3	1	2
大阪府	43	0	5	38	0	5	0	3	0	4	0	3
兵庫県	41	12	8	21	10	7	8	6	4	3	4	2
奈良県	39	3	14	22	0	10	2	12	1	2	0	5
和歌山県	30	9	7	14	9	6	8	6	7	0	1	0
鳥取県	19	10	3	6	10	3	9	2	3	2	0	0
島根県	19	16	3	0	9	3	9	4	3	4	4	2
岡山県	27	12	10	5	11	7	11	10	4	2	1	1
広島県	23	5	5	13	3	5	3	5	2	3	0	2
山口県	19	8	6	5	8	5	5	7	1	2	2	0
徳島県	24	7	3	14	5	5	4	4	5	2	2	0
香川県	17	5	6	6	5	3	4	4	1	1	2	3
愛媛県	20	7	8	5	6	7	7	6	2	5	0	0
高知県	34	33	1	0	33	1	20	6	3	1	8	2
福岡県	60	13	8	39	6	8	11	7	0	5	2	2
佐賀県	20	9	2	9	4	1	0	1	0	0	10	1
長崎県	21	9	5	7	9	4	8	4	2	0	0	0
熊本県	45	6	24	15	3	19	4	16	2	8	2	5
大分県	18	8	6	4	6	6	5	6	3	2	0	0
宮崎県	26	9	13	4	9	11	5	12	2	6	5	3
鹿児島県	43	31	3	9	16	8	9	9	0	4	28	0
沖縄県	41	2	5	34	2	3	2	4	0	3	0	1
合計	1,718	471	416	831	386	373	324	355	95	137	109	78

※23区を除く

27.42%

（参考：平成26年11月調査時点）

| 昨年度 | 1,718 | 392 | 354 | 972 | 304 | 285 | 281 | 247 | 76 | 89 | 81 | 56 |

22.82%

出所）国土交通省より

5 空き家の地域別実態は？

（1）空き家の約半数は建物の性能的には活用可能性が高い

　これまでは、空き家と言えば極端に老朽化が進んだ居住困難な住宅というイメージが主流だったのではないだろうか。しかし、一言で「空き家」と言ってもその実態は個々の住宅によって異なる。後述する通り、全国に点在する空き家の約半数は建築年が浅く、一定の基本性能を維持している。したがって、増加する空き家への対策を講じる際には、空き家を質的側面から捉え、その実態を掴むことも重要である。

　NRIの研究チームでは、「住宅・土地統計調査」を用いて、空き家を保存状態別に3種類に類型してみた（図表24）。空き家の状態を把握するために、総務省「住宅・土地統計調査」が定義する「破損・腐朽の有無」および「建築時期」に着目し、空き家の内訳を分析してみると、2013年時点の空き家総数約820万戸のうち、「居住困難な空き家」は約208万戸（約

図表24　空き家の累計（保存状態別）

	NRIによる定義	統計の定義との対応	
		腐朽・破損の有無※	建築時期
居住困難な空き家	住宅の主要な構造部分に破損・腐朽があるため、そのままでは居住することが困難な状態にあると考えられる空き家	あり	全時期 （不詳も含む）
居住可能な空き家	住宅の主要な構造部分に破損・腐朽がなく、そのまま居住することが可能と考えられる空き家	なし	全時期 （不詳も含む）
活用可能性の高い空き家	破損・腐朽なしの空き家のうち、新耐震基準が導入された1981年以降に竣工したため著しく老朽化が進んでいるとは考えにくく、基本性能を有した住宅として活用が可能な空き家	なし	1981年以降

※「腐朽・破損あり」とは、建物の主要な構造部分（壁・柱・床・はり・屋根など）やその他の部分に不具合があるもの

出所）総務省「住宅・土地統計調査」よりNRI作成

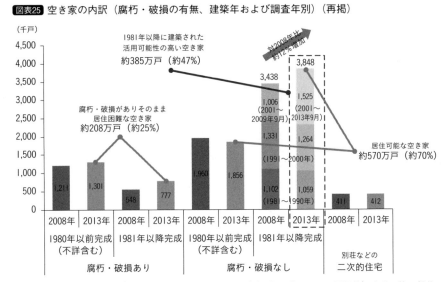

図表25 空き家の内訳（腐朽・破損の有無、建築年および調査年別）（再掲）

注1) 「腐朽・破損あり」とは、建物の主要な構造部分（壁・柱・床・はり・屋根等）やその他の部分に不具合があるもの。
注2) （ ）内の割合は、2013年における全国の空き家総数（約820万戸）に占める割合を表す。
出所) 総務省「平成20年・25年 住宅・土地統計調査」よりNRI作成

25％）であることが分かる（図表25）。一方、「居住可能な空き家」は、約570万戸（約70％）ある。つまり、老朽化が進んだ居住困難な状態にある空き家は、全体の4分の1で、別荘以外の残りの空き家は一定の質を維持している住宅である。さらに、「居住可能な空き家」のうち、約385万戸（約47％）は新耐震基準が導入された1981年以降に建設された「活用可能性の高い空き家」である。「活用可能性の高い空き家」は、建築年が新しくなるにつれて増加傾向にあり、2008年から2013年にかけても約12％増加している。

（2）空き家の特徴は地域ごとに異なる

次に、空き家の内訳を都道府県別に見てみると、「居住困難な空き家」の比率は、中国・四国地方や北東北地方では高く、南関東地方や南東北地

5 空き家の地域別実態は？

図表26 空き家率に占める「居住困難な空き家」の比率（都道府県別）

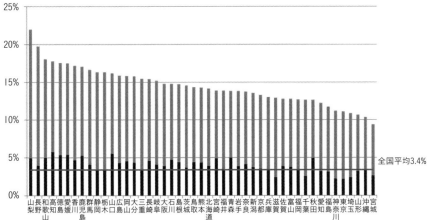

注）「居住困難な空き家」は腐朽・破損ありの空き家（建築年不詳を含む）を指す（二次的住宅は除く）。
出所）総務省「住宅・土地統計調査」よりNRI作成

図表27 空き家率に占める「活用可能性の高い空き家」の比率（都道府県別）

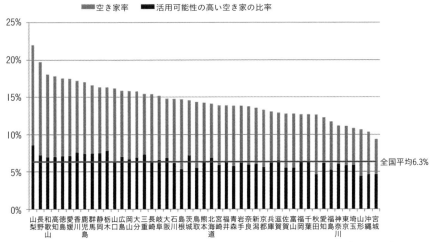

注）「活用可能性の高い空き家」は1981年以降に建築された腐朽・破損なしの空き家を指す（二次的住宅は除く）。
出所）総務省「住宅・土地統計調査」よりNRI作成

方、東海地方では低いことが分かる（図表26）。同様に、「活用可能性の高い空き家」の比率は、北関東地方や甲信越地方で高く、関東地方や沖縄地方、山陰地方で低い（図表27）。

　全国的に見て、空き家率が突出している山梨県や長野県は、「居住困難な空き家」の比率が際立って高いわけではない。したがって、空き家に対する均一的なイメージとは裏腹に、空き家が多い地域には「居住困難な空き家」が多いと一概に言えるものではない。

（3）空き家の対策は地域ごとに異なる

　以上のように、空き家の特徴は地域ごとに異なることから、空き家の対策も地域の特徴を踏まえる必要がある。ここでは、都道府県別に一般世帯数の増減（2010年から2020年まで）と空き家の質的特徴から、以下のような4つの地域分類について、空き家活用の方向性を整理してみる（図表28　図表29）。

①　除却・減築

　第一に、「居住困難な空き家」の比率が全国平均を上回り、一般世帯数の減少が見込まれる地域である。この分類には、全都道府県の約半分が該当する。特に、秋田県、高知県、島根県、青森県、徳島県、山口県などでは、この傾向が突出している。これらの地域では、人口・世帯数減少対策とともに、空き家の除却や減築の推進が必要と考えられる。

　先にも述べたように、空き家の除去や減築は、時間的にも経済的にも、空き家の所有者が主体となって進めることには限界がある。そのため、官民が連携しながら、コンパクトシティ形成などのまちづくり施策と一体的に推進することが望ましい。

②　建替え・リノベーション

　第二に、「居住困難な空き家」の比率が全国平均を上回るものの、一般世帯数の増加が見込まれる地域である。この分類は少ないものの、大阪

5 空き家の地域別実態は？

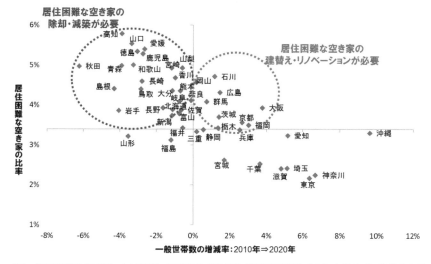

図表28 一般世帯数の将来増減率と「居住困難な空き家」比率の関係（都道府県別）

注）「居住困難な空き家」とは腐朽・破損ありの空き家（建築年不詳を含む）を指す（二次的住宅は除く）
出所）総務省「平成25年 住宅・土地統計調査」、総務省「国勢調査」よりNRI作成

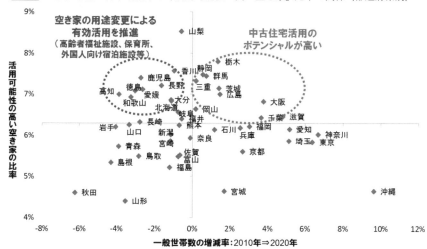

図表29 一般世帯数の将来増減率と「活用可能性の高い空き家」比率の関係（都道府県別）

注）「活用可能性の高い空き家」とは、住宅総数に占める1981年以降に建てられた腐朽・破損なしの空き家を指す（二次的住宅は除く）
出所）総務省「平成25年 住宅・土地統計調査」、総務省「国勢調査」よりNRI作成

35

府、石川県、広島県、京都府、福岡県などが該当する。これらの地域では、居住困難な空き家の建替え・大規模リノベーションの推進が求められる。

③ 住宅以外への用途変更

　第三に、「活用可能性の高い空き家」の比率が全国平均を上回るものの、一般世帯数の減少が見込まれる地域である。この分類には、全都道府県の5分の1程度が該当する。具体的には、高知県、鹿児島県、徳島県、和歌山県、愛媛県、長野県などである。こうした地域では、住宅以外への用途変更を促進しながら、地域の活性化に役立てていくことが考えられる。先にも述べたように近年では、空き家をオフィスや店舗、保育所、高齢者福祉施設、外国人向け宿泊施設などとして有効活用する事例も増えている。

④ 既存住宅流通の活性化

　第四に、「活用可能性の高い空き家」の比率が全国平均を上回り、一般世帯数の増加が見込まれる地域である。具体的には、栃木県、茨城県、大阪府、静岡県、群馬県、広島県などが該当する。こうした地域では、既存住宅流通のポテンシャルが大きいと考えられるため、活性化に向けた環境整備が必要である。「活用可能性の高い空き家」の比率と既存住宅流通比率の関係を見ると、既存住宅としての活用ポテンシャルが高いにもかかわらず、既存住宅流通比率が低調な地域が存在する（図表30）。具体的には、栃木県、茨城県、静岡県、群馬県、広島県などが該当する。こうした地域では、現金給与総額が全国平均を上回ることに加え、地価が全国平均を下回っているため、既存住宅よりも新築住宅を選択する傾向が強いと考えられる（図表31）。このような地域特性も踏まえつつ、生活者が既存住宅を選択しやすくなるようなインセンティブを付けるなど、既存住宅流通の活性化に向けた対策が求められる。

図表30 住宅総数に対する「活用可能性の高い空き家」の比率と既存住宅流通比率の関係（都道府県別）

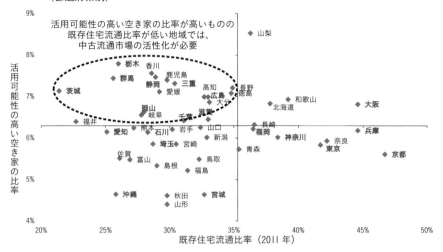

注）「活用可能性の高い空き家」とは、住宅総数に占める1981年以降に建てられた腐朽・破損なしの空き家を指す（二次的住宅は除く）。赤字は、2010年から2020年までに一般世帯数の増加が見込まれる地域。
出所）総務省「平成25住宅・土地統計調査」、FRK「既存住宅流通量の地域別推計について」よりNRI作成

図表31 現金給与総額と住宅地の平均地価の関係

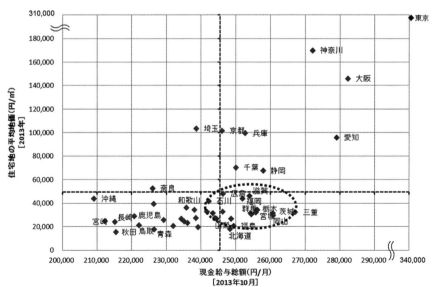

注）図中の点線は全国平均値。
出所）国土交通省「平成25年都道府県地価調査」、各都道府県「毎月勤労統計調査」よりNRI作成

6 空き家所有者の実態は？

（1）空き家所有者の約半数は空き家を放置している

空き家所有者の実態について、NRIの研究チームが実施したアンケート結果を紹介する（図表32）。まず、現在所有する空き家の扱い方を見てみると、空き家を所有する472人のうち、47.7％が空き家の扱い方を「特に決めていない（放置している）」と回答している（図表33）。

これを空き家の所在地別に見ると、空き家を放置している人の割合は、地方圏では55.4％と都市圏と比較して高いことが分かる。一方、空き家所有者の33.7％は、所有する空き家を売却もしくは賃貸として活用したいと考えている。特に、東京圏ではこの割合が42.7％まで拡大する。その他、

図表32 NRI「住まいに関するインターネット・アンケート調査」（2015年2月）の概要

■実施時期
●2015年2月23日〜2月25日

■実施方法
●NRIのインターネットリサーチサービスTRUENAVI（http://truenavi.net）を利用

■回答者
●現在居住中の住宅以外に不動産資産を所有しており、その不動産資産が空き家である※472人を対象に集計
不動産資産は、マンション（区分／一棟）、アパート（区分／一棟）、戸建てのいずれかに限定

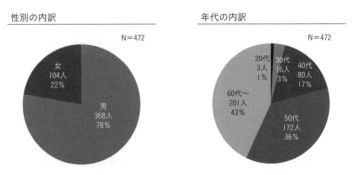

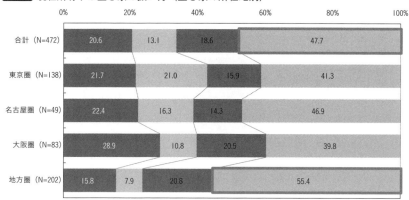

図表33 現在所有する空き家の扱い方（空き家の所在地別）

■中古住宅として売却する予定　■賃貸住宅として貸し出す予定　■自分や親族が居住する予定　■特に決めていない（放置している）

注）集計対象：現在、空き家を所有する人
　　東京圏は埼玉・千葉・東京・神奈川、名古屋圏は岐阜・愛知・三重、大阪圏は京都・大阪・兵庫・奈良、地方圏はその他都道府県を、それぞれ指す
出所）NRI「住まいに関するインターネット・アンケート調査」（2015年2月）

　現在所有する空き家への自分もしくは親族の居住を予定している人は、空き家所有者の18.6％を占める。所在地別に見ると14〜21％となっている。

　なぜ、空き家を所有する人の約半数が、空き家を活用せずに放置しているのだろうか（図表34）。現在空き家を放置している理由としては、「思い出が残っており手放したくない」と感情的な理由を挙げる人がいるものの、空き家を放置している人の43.1％は「処分方法・活用方法について悩んでいる」、30.2％は「売却できない・貸し出せないと思っているので、売却・貸し出しを諦めている」と回答している。空き家を放置している人にも潜在的な活用意向はあり、空き家を活用しやすい仕組みを構築できれば、空き家活用が進むことも期待できる。

第1章　顕在化しつつある空き家問題

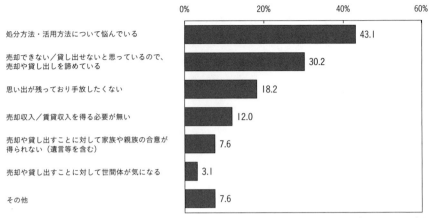

注）集計対象：現在、空き家を所有する人のうち、空き家の扱いを特に決めていない（放置している）人
出所）NRI「住まいに関するインターネット・アンケート調査」（2015年2月）

（2）「買い手が見つからない」ことが最大の課題となっている

　空き家所有者のうち、空き家の活用意向がある人達に対して、売却・貸出に向けた現在の状況を聞いた。所有する空き家を売却もしくは賃貸として活用したいと考えている人のうち、「買い手・借り手を募集中だが見つからない」との回答が42.1％と最も多いものの、30.2％は「売却・賃貸したいが、方法が分からない」と回答している（図表35）。これらの人達に対しては、不動産活用に関する情報提供や支援サービスなどの充実化が求められる。

　また、空き家対策特別措置法の施行を踏まえ、仮に、空き家に対する課税が引き上げられた場合、空き家を現在放置している人達がどのように対応するのかを聞いた。その結果、空き家を放置している人（空き家所有者の47.7％）のうち、40.4％は「分からない」と答えているものの、34.2％は現在放置している空き家を「売却する・貸し出す可能性が高い」と回答している（図表36）。税制度の見直しは、空き家活用の促進に一定の効果があると考えられる。

6 空き家所有者の実態は？

図表35 売却／貸出に向けた現在の状況 ［N=159］

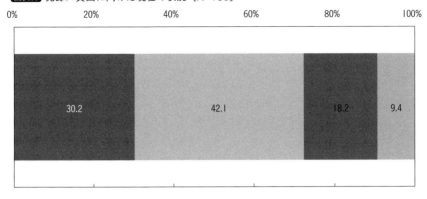

- 売却したい／貸し出したいが、方法がわからない
- 買い手／借り手を募集中だが、買い手／借り手が見つからない
- 売買契約／賃貸契約の手続きの最中である
- その他

注）集計対象：現在、空き家を所有する人のうち、空き家を「中古住宅として売却する予定」もしくは「賃貸住宅として貸し出す予定」の人
出所）NRI「住まいに関するインターネット・アンケート調査」（2015年2月）

図表36 固定資産税が強化された場合の空き家の扱い方（空き家の所在地別）

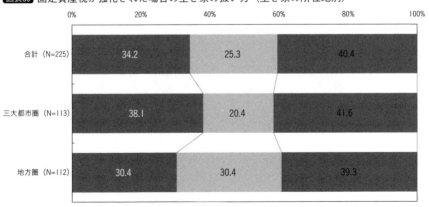

■売却する／貸し出す可能性が高い　■売却しない／貸し出さない可能性が高い（現状のまま）　■わからない

注1）集計対象：現在、空き家を所有する人のうち、空き家を放置している人
注2）三大都市圏は東京圏（埼玉・千葉・東京・神奈川）、名古屋圏（岐阜・愛知・三重）、大阪圏（京都・大阪・兵庫・奈良）、地方圏はその他都道府県を、それぞれ指す。
出所）NRI「住まいに関するインターネット・アンケート調査」（2015年2月）

41

（３）空き家の所在地は徐々に都市部にシフトする

　日本では、多くの空き家は相続時に発生しているため、従来は地方から都会に出てきた人達が、地方にある住宅を相続し、そのまま放置しているケースが多かった。年代別に現在保有している空き家の所在地を比較すると、年代が上がるにつれて地方圏の比率が高くなり、60歳代以上では地方圏に空き家を保有する人が半分弱を占めている（図表37）。逆に、空き家を所有する人の年代が若くなればなるほど、空き家を東京圏・名古屋圏・大阪圏に所有する人の割合が多くなっている。地方から都市部に大量に移住してきた団塊世代は、都市部に居住し、地方に空き家を所有しているケースが多いと考えられる。一方、都市部で生まれ育った団塊ジュニア世代は、都市部に居住しつつ都市部の住宅を相続することになると考えられる。

　現在は、東京圏に居住する人で、地方圏に空き家を持っている人がある程度存在するが、将来的には、東京圏に居住しながら地方圏に空き家を所

図表37　現在所有している空き家の所在地（所有者の年代別）

	東京圏	名古屋圏	大阪圏	地方圏
合計（N=472）	29.2	10.4	17.6	42.8
【参考】20～30代（N=19）	47.4	5.3	10.5	36.8
40～50代（N=252）	31.7	10.7	15.9	41.7
60代以上（N=201）	24.4	10.4	20.4	44.8

注）集計対象：現在、空き家を所有する人
　　三大都市圏は東京圏（埼玉・千葉・東京・神奈川）、名古屋圏（岐阜・愛知・三重）、大阪圏（京都・大阪・兵庫・奈良）、地方圏はその他都道府県を、それぞれ指す。
出所）NRI「住まいに関するインターネット・アンケート調査」（2015年2月）

有する人の割合は下がる。逆に、居住地の近くに空き家を所有する流れが現在よりも顕著になるため、東京圏に住みながら東京圏の空き家を所有する人が増えていく。そして、前述の通り、団塊ジュニア世代が後期高齢者になるタイミングで、空き家が一気に都市部で顕在化する可能性がある。

　加えて、2020〜25年頃に発生する空き家は、築年数が浅く一定の基本性能を有しているうえ、立地も比較的良い可能性が高い。こうした「活用可能性の高い空き家」は、既存住宅流通やリフォーム市場の活性化に向けての起爆剤であり、推進力となり得る。

7 空き家率の維持・低下に向けて何をすべきか?

先にも述べたように筆者は、現在の空き家率は未だ深刻な水準ではないと考えている。しかしながら、本格的な人口減少時代に突入し、世帯数のピークアウトも目前に迫るなか、これ以上、空き家率が高まらないようにする必要性は高い（図表38）。そのためには、人口減少を食い止めることができれば、最善ではある。ただし、難易度は高く、即効性には乏しい。

これ以上住宅を増やさないという意味で、新築制限も選択肢ではある。ただし、日本経済に及ぼす影響も小さくないので、できれば避けたい。いずれ取り組まなければならなくなる日が来るかもしれないけれども、できるだけ先送りしたい。新築制限とは言え、1件新築するためには、1件除却しなければならないという仕組みを導入して、その権利を流通させることは考えられる。総住宅数を増やさない効果はもちろん、除却することに対するインセンティブにもなる。

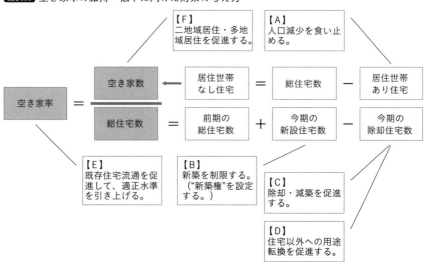

図表38 空き家率の維持・低下に向けた対策の考え方

近年、注目度が上がっている既存住宅流通は、空き家率の維持・低下に直接的な効果は及ぼさないものの、空き家の適正水準を引き上げる可能性はある。つまり、長期間に渡り空き家状態が続くのではなく、定期的に居住者がいる状態を維持できれば、その時点その時点での空き家率が高くても、深刻な問題にはならないかもしれない。

　当然ながら、除却・減築は、空き家率の維持・低下に直接的な効果を及ぼす。耐震性能や省エネ性能などをはじめとした基本性能に問題があり、人口動態から見ても市場性が低い住宅は、除却すべきだろう。これまでの日本では、不動産資産を保有することのメリットばかりが注目されてきたけれど、空き家率が一定水準を超えてくると、不動産資産を保有することによる責任を認識しなければならなくなる。一方、延床面積を縮小したり、複数戸の住宅を1戸の住宅にリノベーションしたりといった減築も有効であろう。住宅を社会資本ストックとして、その価値を評価するのであれば、住宅以外の用途に転換していくことも大きな意味がある。

　日本では長年、1世帯＝1戸という水準を保ってきた。しかしながら、1世帯当たりの住宅戸数を増やすことも、空き家率の維持・低下につながるだろう。例えば、二地域居住や多地域居住というライフスタイルを選択しやすい社会を構築することが望まれる。ちなみに、現在の空き家には二次的住宅（別荘等）が含まれている。住宅の適正な管理が行われているかどうかという観点から、空き家率を重要な指標として位置付けるのであれば、二次的住宅の取扱いも、今後の論点の一つになるのではないだろうか。

　以上、空き家率を維持・低下させるために必要な対策の方向性を整理してみた。しかしながら、空き家問題を抜本的に解決する即効性の高い施策は無い。となると、世帯数減少時代が目前に迫るなか、様々な取組みを同時並行で進めていかなければならない。空き家問題の顕在化という「氷山」に、激突してしまうかもしれない日本の住宅という「巨大客船」の舵を切ることは簡単ではないのだ。最終的には、生活者一人一人の意識改革が求められる。

第2章

重要性が増す既存住宅の活用

1 住宅政策の大きな論点は何か？

(1) 2016年3月、住生活基本計画が閣議決定された

　2016年3月、今後10年の住宅政策の指針として、新たな「住生活基本計画（全国計画）」（計画期間：2016〜2025年度）が閣議決定された。同計画は、「住生活基本法」（2006年法律第61号）に基づき、国民の住生活の安定の確保および向上の促進に関する基本的な計画として策定されている。住生活基本計画は過去、2006年、2009年、2011年に策定されてきた。同計画においては、国民の住生活の安定の確保および向上の促進に関する目標や

図表39　住生活基本法（概要）

●住生活基本法　　　　　　　　　　　　　　　　　　　　　　　　　　＜6月8日公布施行＞

国民の豊かな住生活の実現を図るため、住生活の安定の確保及び向上の促進に関する施策について、その基本理念、国等の責務、住生活基本計画の策定その他の基本となる事項について定める。

住宅建設五箇年計画（S41年度より8次にわたり策定：8次計画はH17年度で終了）
◇5年ごとの公営・公庫・公団住宅の建設戸数目標を位置づけ

社会経済情勢の著しい変化
・住宅ストックの量の充足
・本格的な少子高齢化と人口・世帯減少　等

新たな住宅政策への転換

住生活の安定の確保及び向上の促進に関する施策
◇安全・安心で良質な住宅ストック・居住環境の形成
◇住宅の取引の適正化、流通の円滑化のための住宅市場の環境整備
◇住宅困窮者に対する住宅セーフティネットの構築

基本理念
『現在及び将来の国民の住生活の基盤である良質な住宅の供給』など基本理念を定める。

責務
国、地方公共団体、住宅関連事業者、居住者など関係者それぞれの責務を定める。

基本的施策
国、地方公共団体は、住生活の安定の確保及び向上の促進のために必要な施策を講ずる。

住生活基本計画の策定
◇住生活の安定の確保及び向上の促進に関するアウトカム目標の設定
◇成果指標を位置づけ
　　（耐震化率、バリアフリー化率、省エネ化率、住宅性能表示実施率など）

全国計画		都道府県計画
◇施策の基本的方針 ◇全国的見地からの目標・施策 ◇政策評価の実施	全国計画に即して策定	◇都道府県内における施策の基本的方針 ◇地域特性に応じた目標・施策 ◇公営住宅の供給目標

出所）国土交通省より

基本的な施策などを定め、目標を達成するために必要な措置を講ずるよう努めることとされている。

同計画の根拠法である住生活基本法は、国民の豊かな住生活の実現を図るため、住生活の安定の確保および向上の促進に関する施策について、その基本理念、国等の責務、住生活基本計画の策定その他の基本となる事項について定めたもので、2006年3月に公布・施行された（図表39）。それ以前の我が国の住宅政策は、住宅建設五箇年計画が1966年度より8次にわたり策定され、5年ごとの公営・公庫・公団住宅の建設戸数目標などが位置づけられてきた。第8次計画が2005年度で終了した際、住宅ストックの量の充足や本格的な少子高齢化と人口・世帯減少等といった社会経済情勢の著しい変化を踏まえ、住宅政策も『量』から『質』へと転換するため、同法が公布・施行された。

（2）既存住宅の活用が住宅政策のポイントとなっている

新たな住生活基本計画（全国計画）では、少子高齢化・人口減少等の課題を正面から受け止めた新たな住宅政策の方向性が提示されている。そのポイントは以下の通りである。

① **ポイント1**

若年・子育て世帯や高齢者が安心して暮らすことができる住生活の実現（図表40）

　――「若年・子育て世帯」と「高齢者」の住生活に関する目標を初めて設定

　――ひとり親・多子世帯等の子育て世帯や高齢者等を対象に民間賃貸住宅を活用した住宅セーフティネット機能の強化策を検討

図表40　新たな住生活基本計画のポイント①

新たな住生活基本計画のポイント①　　国土交通省

若年・子育て世帯や高齢者が安心して暮らすことができる住生活の実現

- 三世代同居・近居等を促進し、子供を産み育てたいという思いを実現できる環境を整備。
- 空き家を含めた民間賃貸住宅を活用して住宅セーフティネット機能を強化。
- 高齢者の身体機能や認知機能に応じ、ソフトサービスとも連携した、新たな高齢者向け住宅のガイドラインを策定。

出所）国土交通省より

② **ポイント2**

既存住宅の流通と空き家の利活用を促進し、住宅ストック活用型市場への転換を加速（図表41）

――マンションの建替え等の件数として、1975年からの累計を約500件とする成果指標を設定（過去の4倍のペースとなる数値）

――「空き家」に関する目標を初めて設定。「その他空き家」数を400万戸程度に抑制（新たな施策を講じない場合と比べて約100万戸抑制する数値）

③ **ポイント3**

住生活を支え、強い経済を実現する担い手としての住生活産業を活性化（図表42）

――「産業」に関する目標を初めて設定。住宅ストックビジネスを活性化し、既存住宅流通・リフォームの市場規模を倍増し、20兆円市場

図表41 新たな住生活基本計画のポイント②

新たな住生活基本計画のポイント② 国土交通省

既存住宅の流通と空き家の利活用を促進し、住宅ストック活用型市場への転換を加速

- 既存住宅の質の向上と併せ、住みたい・買いたいと思う魅力の向上を図る。
- 既存住宅が流通し、資産として次の世代に承継されていく新たな流れを創出。
- 老朽化・空き家化が進むマンションの建替え・改修等を促進。（マンションの建替え等の件数（S50年からの累計）を約500件に–約2万戸の建替え等–）
- 空き家の増加を約100万戸抑制。既存住宅の流通促進等により空き家の増加を抑制。

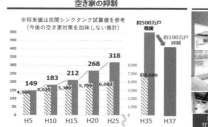

[出典］住宅・土地統計調査（総務省）
出所）国土交通省より

図表42 新たな住生活基本計画のポイント③

新たな住生活基本計画のポイント③ 国土交通省

住生活を支え、強い経済を実現する担い手としての住生活産業を活性化

- 木造住宅の供給促進や生産体制整備（担い手の確保・育成、技術開発）
- 住宅ストックビジネスの活性化（既存住宅流通・リフォーム市場を20兆円市場に）
- IoT住宅などの住生活関連ビジネスの新市場を創出

出所）国土交通省より

にすることを目指す。

　以上のように、今後の住宅政策のなかでも既存住宅の活用は非常に大きなポイントとなっている。特に、リフォーム・既存住宅流通等の住宅ストック活用型市場への転換の遅れは課題視されており、以下のような目標が掲げられている。

　──良質で魅力的な既存住宅の流通を促進すること
　──消費者が住みたい・買いたいと思うような既存住宅の「品質＋魅力」の向上
　──既存住宅の価値向上を反映した評価方法の普及・定着
　──定期借家制度等の多様な賃貸借方式を利用した既存住宅活用促進
　──既存住宅の売買に関する相談体制や情報提供の充実を図り、新たな住宅循環システムの構築・定着を促進

2 日本の人口・世帯数は今後どうなるか？

(1) 人口は既に減少し、世帯数の減少も目前に迫る

　2015年の国勢調査は、1920年の開始以来20回目の調査で初めて、総人口の「減少」が確認された。同調査は、現在もなお集計中であるため、細かい分析や将来推計は未だ公表されていない。そのため、以降の分析では、総務省の「人口推計」や国立社会保障・人口問題研究所が2010年の国勢調査に基づいて行った将来推計をベースにする。それらによると、日本の総人口は2008年にピークを迎え、総世帯数は2019年にピークアウトすると見られている（図表43）。今後、日本は総人口・総世帯数が減少するなかで成長を探らなければならない難しい局面に突入する。

　人口・世帯数減少は地方で始まり、徐々に都市圏に波及する。青森、岩

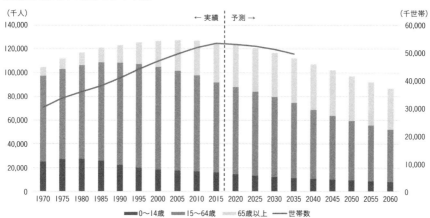

図表43　総人口の推移および予測

注1）人口予測は出生（中位）死亡（中位）推計を使用した。
注2）人口予測は2010年度国勢調査のデータに基づくが、2015年は2015年度国勢調査速報値による。
出所）総務省「国勢調査」、国立社会保障・人口問題研究所「日本の将来人口推計（全国）」よりNRI作成

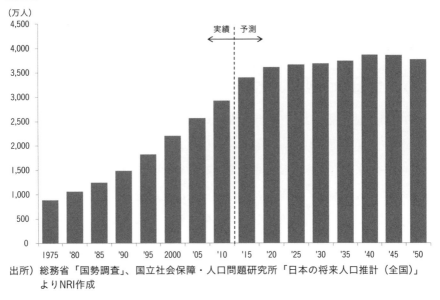

図表44 65歳以上人口の推移および予測

出所）総務省「国勢調査」、国立社会保障・人口問題研究所「日本の将来人口推計（全国）」よりNRI作成

手、秋田、山形、和歌山、鳥取、島根、山口、徳島、愛媛、高知、長崎、大分、鹿児島の14県は1980年代に総人口のピークを迎えた。最も人口減少のタイミングが遅いとされている東京圏（東京都・埼玉県・千葉県・神奈川県）においても、総人口は2015年にピークを迎え、その後2025年には世帯数もピークアウトすると見られている。世代別に見て最も人口減少のタイミングが遅い65歳以上の高齢者人口も、2015～20年頃を境に伸びが鈍化する（図表44）。

（2）家族形態の多様化が進む

　人口動態を通じて住宅市場を考察する場合は、人口・総世帯の増減に加え、家族形態のあり方などの質的変化にも留意すべきである。そもそも、人口が減少し、世帯数の減少も予想されている背景にはライフスタイルや家族形態の多様化がある。現在の日本では、①生涯未婚率（生涯未婚率

は、「45〜49歳」と「50〜54歳」未婚率の平均値から、「50歳時」の未婚率を算出したもの）の上昇、②平均初婚年齢の上昇、③結婚件数に対する離婚件数の増加、が同時に進行している。

　①生涯未婚率は、男女ともに上昇傾向にある（図表45）。女性の生涯未婚率は1990年には4.3％だったものが、2010年には10.6％に上昇した。②平均初婚年齢は、全国的に上昇傾向にある（図表46）。最も平均初婚年齢が高い東京都では、2011年に女性の平均初婚年齢が30歳を超えた。③結婚件数に対する離婚件数については、結婚件数が減少する一方、離婚件数は増加。直近では結婚件数の3分の1程度に達した（図表47）。結果として、夫婦がもうける子どもの数（夫婦完結出生児数：結婚持続期間（結婚からの経過期間）15〜19年夫婦の平均出生子ども数であり、夫婦の最終的な平均出生子ども数とみなされる）も減少傾向にある。この傾向が続くと、2010〜2030年にかけて、児童（18歳未満の未婚者）が一人以上いる世帯が25％

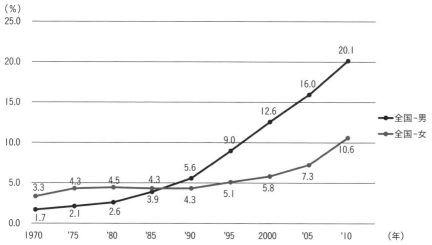

図表45　男女別生涯未婚率の推移

注）生涯未婚率は「45〜49歳」と「50〜54歳」の未婚率の平均値から、「50歳時」の未婚率を算出したもの。
出所）厚生労働省「人口動態統計」よりNRI作成

図表46 男女別平均初婚年齢の推移

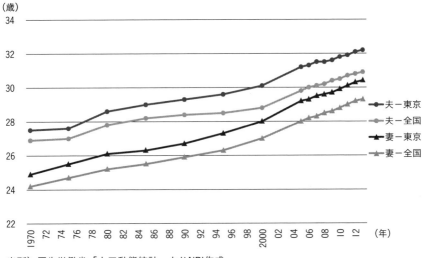

出所）厚生労働省「人口動態統計」よりNRI作成

図表47 結婚件数と離婚件数の推移

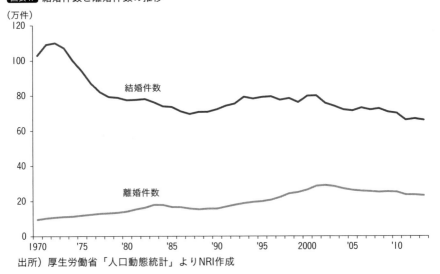

出所）厚生労働省「人口動態統計」よりNRI作成

減少することになる。実際、世帯類型別一般世帯数の推移を確認すると、夫婦と子からなる核家族世帯が1985年をピークに減少し始めた一方、単独世帯や夫婦のみの世帯、ひとり親と子の世帯が増加してきているのが分かる。また、今後は単独世帯、一人親と子の世帯が世帯増加を牽引すると見られている（図表48）。

　家族形態の多様化は住宅産業にどのような影響を与えるか。日本の住宅政策は歴史的に「夫婦と子による家族世帯」の形成と、そのような世帯による住宅取得を前提に組み立てられてきた。しかし、足下では生涯未婚率の上昇や平均初婚年齢の上昇、離婚の増加などにより「夫婦と子による家族世帯」が減少してきている。単独世帯など「夫婦と子による家族世帯」以外の世帯は、「夫婦と子による家族世帯」に比べ、住宅を取得するインセンティブは薄いと考えられる。実際、40代、50代の持ち家率は減少傾向にある（図表49）。「夫婦と子による家族世帯」を主たるターゲットとしているハウスメーカーやパワービルダー、デベロッパーは、ターゲットセ

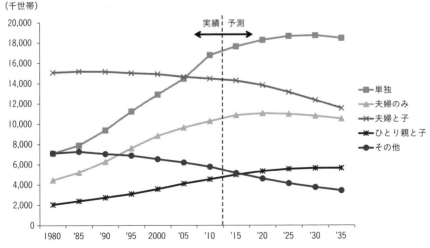

図表48　世帯類型別一般世帯数の推移および予測

出所）総務省「国勢調査」、国立社会保障・人口問題研究所「日本の将来人口推計（全国）」よりNRI作成

グメントの顧客数減少に直面する。一方で、単独世帯など「夫婦と子による家族世帯」以外の世帯は当面のあいだ増加傾向が続く。家族形態の多様化にフレキシブルに対応できるプレイヤーには機会となるだろう。

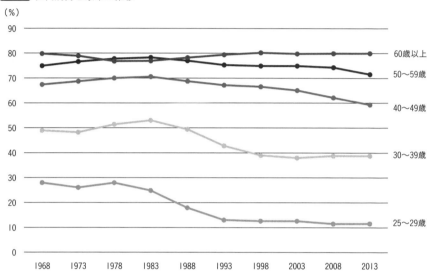

図表49 世代別持ち家率の推移

出所）総務省「住宅・土地統計調査」よりNRI作成

3 新設住宅着工戸数の中長期的な見通しは？

(1) 100万戸時代は終焉した

　2015年度の新設住宅着工戸数は92万537戸であった。その前年度の2014年度は88万470戸で、5年振りに減少に転じた（図表50）。2014年度の落ち込みは、消費増税前の駆け込み需要の反動減によるものと考えられている。更にその前年度の2013年度は98万7,254戸と、2009年度に100万戸を割って以来、5年振りに90万戸を超え、100万戸に迫る勢いであった。アベノミクスによる景況感の改善、量的緩和による低金利、消費増税前の駆け込み需要の発生と、新設住宅市場に対する追い風が重なった結果である。ただし、「それでも100万戸には届かなかった」と見ることもできる。

　1990年度以降の新設住宅着工戸数を振り返ると、90〜97年度は130万〜160万戸台で推移していた。1997年度の消費増税により新設住宅市場が若干冷え込んだとはいえ、2006年度までの間は110万〜120万戸台で推移して

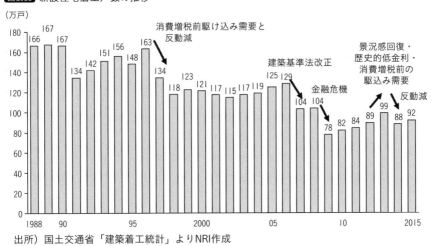

図表50　新設住宅着工戸数の推移

出所）国土交通省「建築着工統計」よりNRI作成

いた。しかし、構造計算書偽造問題（2005～2006年）、および、当該事件を受けての建築基準法改正（2007年）、金融危機（2008～2009年）などの影響を受けて、新設住宅着工戸数は一気に80万戸を割る水準まで落ち込んだ。2009年度に77万5,277戸で底を打ち、その後回復に転じたものの、結局は100万戸を回復するには至らなかった。今後のマクロ動向を鑑みると、新設住宅着工戸数が再び100万戸台を回復することは、瞬間的に発生することがあっても、継続的に維持していくことは難しいだろう。

（2）2030年、新設住宅着工戸数は50万戸台になる

では、国内の新設住宅着工戸数は中長期的に、どう推移するだろうか。NRIの研究チームでは毎年、2030年までの新設住宅着工戸数を予測・発表している。その考え方と、最新の予測結果を紹介したい。予測は、以下の3ステップを経て行っている（図表51）。

【Step 1】新設住宅着工戸数に影響を与える指標の抽出

人口・世帯数、経済成長（景気変動）、住宅ストックの質を表す各種指標より、論理的・統計的に新設住宅着工戸数に影響を与えると考えられる

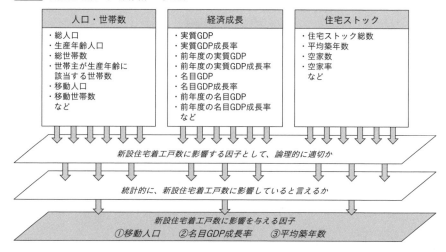

図表51　新設住宅着工戸数推計の考え方

指標を抽出する。

【Step 2】新設住宅着工戸数に影響を与える指標の将来予測

Step 1 で抽出した指標について、公的機関が発表している将来予測を参照、または NRI 独自のデータをもとに、2030年度までの将来予測を実施する。

【Step 3】新設住宅着工戸数の再現値、予測値の算出

新設住宅着工戸数を被説明変数、Step 1、2 で抽出した指標を説明変数として、重回帰分析により新設住宅着工戸数の将来予測を行う。

以上のように、中長期的な新設住宅着工戸数を推計した結果、2030年度時点における住宅着工戸数は約54万戸であった（図表52）。

新設住宅着工戸数に影響を与える指標の決定に際しては、定性的な要素に加え、定量的な判断基準として、2015年度までの新設住宅着工戸数の実績値と各指標の相関を示す相関係数 R、および、各変数の説明度合いの大きさを表す t 値を評価した。その結果、人口・世帯数に関する指標として「移動人口」、経済成長（景気変動）に関する指標として「名目GDP成長

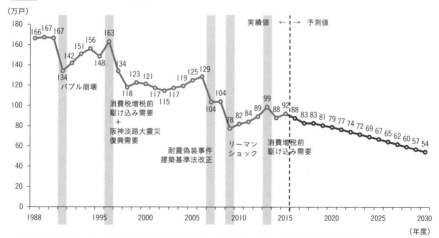

図表52 新設住宅着工戸数の推移と予測

出所）実績値：国土交通省「建築着工統計」予測値：NRI（2016年6月発表）

率」、住宅ストックの質を表す指標として「住宅ストックの平均築年数」を採用した。なお、住宅ストックの平均築年数とは、建築時期別の既存住宅の将来残存年数を意味し、後述する減衰曲線を用いて算出した。

次に、抽出した指標について、2030年度までの将来予測を実施した。移動人口数、住宅ストックの平均築年数については、NRIの研究チームが独自に推計を行った。移動人口数については、年1回発行されている住民基本台帳人口移動報告に記載の移動人口をベースとした。ただし、得られる値は市区町村外移動人口のみのデータであり、市区町村内移動人口数については取得できない。そのため、10年に1度国勢調査にて報告されるデータより、市区町村外移動人口と市区町村内移動人口の比率を算出し、市区町村外移動人口を割り戻すことで、移動人口全体を算出した。2030年度までの推計については、住民基本台帳における市区町村外移動人口の減少率が今後も一定であると仮定し算出した。

名目GDP成長率については日本経済研究センター「中期経済予測」にて公表されている2030年度までのデータを採用した。

住宅ストックの平均築年数については、まず、建築された住宅がある程度の年月を経るなかで、災害・事故、老朽化などの様々な理由によって徐々に減失していき、将来にわたり住宅が減少することを「減衰」と定義し、住宅ストックが建築後どの程度減少していくかについて住宅建築の着工時期ごとに「減衰曲線」を算出した。そして、減衰曲線に基づき着工年別の住宅ストックを算出することにより、住宅の平均築年数を算出した。

2030年度までの新設住宅着工戸数の推計に関しては、住宅着工戸数のうち新築分について重回帰分析による推計を実施し、その後全体に占める新築割合で割り戻すことで全体の住宅着工戸数を算出した。

（3）2030年、大工人口は14万人にまで減少する

国内建設市場について、建設投資全体の対前年度比を見ると、阪神・淡

路大震災の復興事業や消費税率引上げ（3％から5％へ）に伴う駆け込み需要の影響を受けた96年度をピークに、07年度まで11年連続でマイナスとなった。その後、08年度は一時的にプラスとなったものの、金融危機の影響により09〜10年度は再び2年連続でマイナスとなり、ピーク時の約半分にまで市場が縮小した。市場縮小が進む過程で価格競争が激化し、業界全体として利益を出しづらい体質になってしまった。職人の社会保険費用を会社が負担できないために「一人親方」が多く発生したことで、建設技能労働者の待遇悪化が進行した。そして、金融危機による建設投資の冷え込みに耐えきれず、多くの建設技能労働者が業界を去っていった。

ところが、東日本大震災の復興事業や緩やかな景気回復の影響で、11〜14年度は4年連続でプラスとなったことで、今度は一気に職人不足問題が顕在化した。同時に、団塊の世代がいよいよ本格的に退職しはじめたことで、建設技能労働者は量的にはもちろん、熟練工の不足という質的な不足問題も顕在化しはじめている（図表53）。

では、国内の職人不足問題は中長期的に、どう推移するだろうか。建設技能労働者といっても様々な職種に分類されるけれども、今回は新設住宅

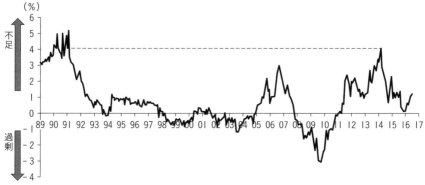

図表53　建設技能労働者不足率の推移（6職種計・全国・季節調整値）

注）不足率＝（確保したかったが出来なかった労働者数－確保したが過剰となった労働者数）÷（確保している労働者数＋確保したかったが出来なかった労働者数）×100
出所）国土交通省「建設労働需給調査結果（平成26年8月調査）」よりNRI作成

第2章　重要性が増す既存住宅の活用

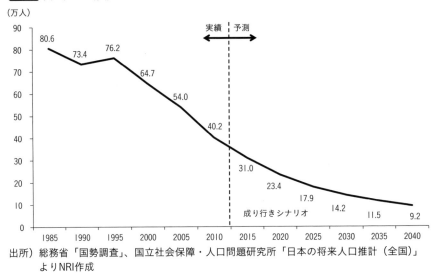

図表54　大工人口の推移および予測

出所）総務省「国勢調査」、国立社会保障・人口問題研究所「日本の将来人口推計（全国）」よりNRI作成

　着工戸数と密接な関係のある「大工」に着目して分析してみた。国勢調査によると、大工人口は1995年以降一貫して減少トレンドにある。1995年には76.2万人いた大工が、2000年に64.7万人、2005年に54.0万人、そして2010年には40.2万人まで減少している。そしてこの減少傾向は、今後も続くことが想定される。NRIの研究チームが想定する成り行きシナリオ（15～24歳人口に占める大工人口が2010年と同水準で推移し、かつ5歳階級別離職率が2010年と同水準で推移すると仮定したシナリオ）では、2020年には23.4万人、2030年には14.2万人まで減少すると見込まれる（図表54）。

（4）職人不足は構造的な問題である

　大工人口の減少は、当然ながら、大工になる人数が大工をやめる人数より少ないために起きている。新卒人材に該当する15～19歳層、20～24歳層に占める大工人口の構成比は2010年時点でそれぞれ0.04％、0.16％であった（図表55）。過去25年間で最も高かった1995年においてはそれぞれ

図表55 15〜19歳層、20〜24歳層に占める大工人口の構成比

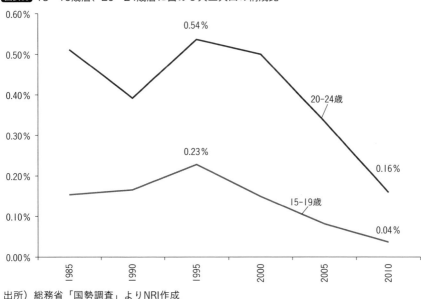

出所）総務省「国勢調査」よりNRI作成

0.23%、0.54%であったことを考えると、若い世代が職業として大工を選ばなくなってきていることが分かる。また、一度大工になっても離職する人が多いこともネガティブに作用している。年代別の純入職率を確認すると、1995年以降25歳以上の全ての年代でマイナスとなっている（**図表56**）。

　さらに、今後は人口ピラミッドの偏りが大工人口の減少に拍車をかける。2000年時点の年代別大工人口を見ると45〜54歳に大きなピークが、25〜29歳に小さなピークがある、いわゆるフタコブラクダのような形になっていた（**図表57**）。フタコブのうち、より大きなコブである45〜54歳層は、2000年から2010年にかけて大幅に減少した。これは定年退職の時期を迎える人が一定数いたことに加え、2008年以降の住宅着工の落ち込みをきっかけに廃業した人がいたためと考えられる。しかし、この時点でもグラフはまだ55〜64歳と35〜39歳に大小のピークがあるフタコブラクダ型を維持している。ところが、2020年になると完全にコブが崩れる。大工人口を

第2章　重要性が増す既存住宅の活用

図表56 大工の年代別の純入職率

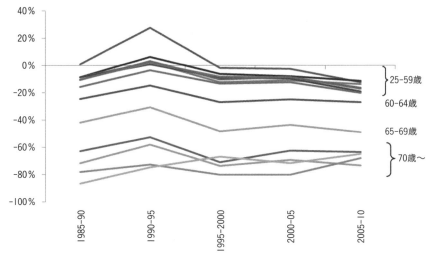

出所）総務省「国勢調査」よりNRI作成

図表57 年代別大工人口の推移

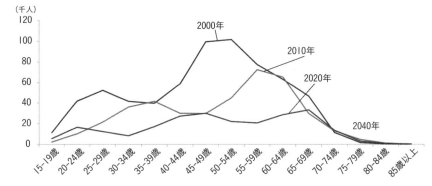

出所）総務省「国勢調査」、国立社会保障・人口問題研究所「日本の将来人口推計（全国）」よりNRI作成

支えていた年代が65～74歳となり、その層の大半が退職するためである。

　本来ならば大量離職に備え、大工への入職を増やし、離職を減らさなければならない。ところが、1990年代から2000年代にかけて建設投資市場が半減するなかで、大工の経済的処遇を切り詰めたことで、産業間の人材獲得競争において競争力を保てなくなってしまった。仮に、労務費単価の上昇をはじめとした処遇改善が奏功し、15～24歳層の大工人口の割合と、25歳以上の純入職率が1985年頃と同水準まで戻ったとしても、今後の減少幅を補うほどのインパクトは見込めない。結果として、2010年から2030年にかけて、大工人口は年平均5.1％程度の割合で減少していく。仮に1985年頃と同水準まで大工の人材獲得競争力が向上したとしても、4.0％程度の早さで大工人口が減少していくことは避けられない（図表58）。

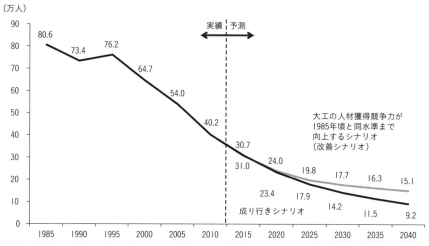

図表58　大工人口の推移および予測

出所）総務省「国勢調査」、国立社会保障・人口問題研究所「日本の将来人口推計（全国）」よりNRI作成

（5）大工の生産性を向上させる必要がある

　1990年以降の大工一人当たり新設住宅着工戸数を試算してみると、2010年まではおおよそ2戸前後で推移してきた。とりわけ、建設技能労働者の需給が比較的バランスしていた2000年や2010年を見ると、それぞれ1.9戸および2.0戸となっている。新設住宅着工戸数には、マンション等も含まれるため、全ての住宅建設に大工が関わっているとは言えないものの、大工の生産性は年間2戸という水準が長年続いているとみなすことができる。

　これまで述べてきた2030年までの新設住宅着工戸数と大工人口の予測を前提とすると、新設住宅着工戸数の減少スピードよりも、大工人口の減少スピードの方が速いため、成り行きシナリオだと、2030年には大工の生産性は年間3.8戸という水準にまで引き上げられている必要がある（図表59）。改善シナリオ（大工への入職率が1985年頃と同水準まで向上するシナリオ）でも、年間3.0戸という水準が必要である。言い換えるならば、

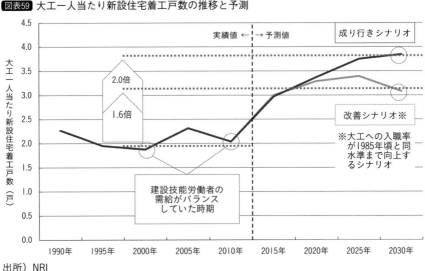

図表59　大工一人当たり新設住宅着工戸数の推移と予測

出所）NRI

大工の生産性を2倍近く引き上げていかないと、2030年の新設住宅着工戸数54万戸すら達成できないことになる。先述したように新設住宅着工戸数は、需要サイドから考えた予測だけれども、むしろ、供給サイドの問題の方がボトルネックになる可能性があるのだ。

　大工の生産性を高めていくことは簡単ではない。日本のプレハブ技術は世界的に見てもかなり高い水準にあると言えるものの、業界全体の生産性を2倍近く引き上げるためには、従来以上の技術開発・技術革新が必要になるのではないだろうか。住宅業界にとって、生産性向上は大きな課題となるだろう。逆に、見方を変えるならば、新設住宅の需要に見合った供給が難しいとなれば、既存住宅の活用がより一層必要になると考えることもできる。

4 リフォーム市場は成長市場か？

(1) 今の構造が続けば2030年まで横這いで推移する

　先にも述べたように、新設住宅着工戸数の減少が確実視されるなか、相対的に期待されているのがリフォーム市場である。では、国内のリフォーム市場規模は中長期的に、どう推移するだろうか。NRIの研究チームでは毎年、2030年までのリフォーム市場規模を予測・発表している。その考え方と、最新の予測結果を紹介したい。予測は、新設住宅着工戸数と同様に、以下の3ステップを経て行っている（図表60）。

【Step1】リフォーム市場規模に影響を与える指標の抽出

　人口・世帯数、経済成長（景気変動）、住宅ストックの質を表す各種指標より、論理的・統計的にリフォーム市場規模に影響を与えると考えられる指標を抽出する。

図表60 リフォーム市場規模推計の考え方

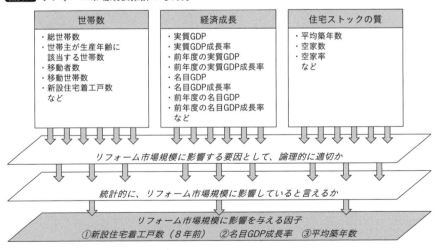

【Step 2】リフォーム市場規模に影響を与える指標の将来予測

Step 1 で抽出した指標について、公的機関が発表している将来予測を参照、またはNRI独自のデータをもとに、2030年までの将来予測を実施する。

【Step 3】リフォーム市場規模の再現値、予測値の算出

リフォーム市場規模を被説明変数、Step 1、2で抽出した指標を説明変数として、重回帰分析により狭義のリフォーム市場規模の将来予測を行う。

狭義のリフォーム市場規模と広義のリフォーム市場規模の比率を推計し、広義のリフォーム市場規模の将来予測を行う。

以上のように、中長期的なリフォーム市場規模を推計した結果、2030年時点における狭義のリフォーム市場規模は約5.6兆円、広義のリフォーム市場規模は約6.5兆円であった（図表61）。

リフォーム市場規模に影響を与える指標の決定に際しては、定性的な要素に加え、定量的な判断基準として、2014年までのリフォーム市場規模と各指標の相関を示す相関係数R、および、各変数の説明度合いの大きさを

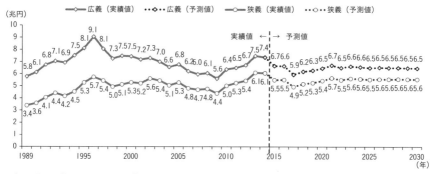

図表61 リフォーム市場規模の推移と予測

注）狭義：「住宅着工統計上『新設住宅』に計上される増築・改築工事」及び「設備等の修繕維持費」
　　広義： 狭義のリフォーム市場規模に「エアコンや家具等のリフォームに関連する耐久消費財、インテリア商品等の購入費を含めた金額」を加えたもの
出所）実績値：住宅リフォーム・紛争処理支援センター「住宅リフォームの市場規模（2014年版）」予測値：NRI（2016年6月発表）

表す t 値を評価した。その結果、新設住宅着工戸数と同様に「名目GDP成長率」、「住宅ストックの平均築年数」を採用するとともに、「新設住宅着工戸数（8年前）」を採用した。リフォーム市場規模が8年前の新設住宅着工戸数と相関が高い結果となったことは興味深い。リフォーム需要は、分譲住宅等では入居後1〜2年で居住者のニーズが顕在化することに加え、建築後10年程度が経過すると、各種設備機器の修繕等が始まると言われている。そうした傾向が、リフォーム市場規模と8年前の新設住宅着工戸数の相関を高めていると考えられる。

（2）ポテンシャルを顕在化させる工夫が必要である

　国内住宅市場はこれまで、日本の気候・風土や文化の影響を強く受け、新設住宅に依存した構造を維持してきた。昔から怖いモノの代表として、「地震・雷・火事・親父（大山嵐）」と言われてきたが、そのいずれも住宅を崩壊させる要因になるものである。例えば、江戸時代の「火消し（消防団）」は、火事そのものを消すだけでなく、延焼を食い止めるために周辺の住宅や建物をわざと取り壊していた。つまり、日本における住宅は恒久のモノではなく、有事に倒壊することが当たり前のモノであり、その都度、新設（建替え）されてきたのだ。ちなみに、「親父」というのは台風を意味する「大山嵐（おおやまじ）」が変化したという説もある。台風だとすればこれも、住宅を崩壊させる要因だと言える。

　恒久のモノではないとは言え、新耐震基準が導入された1981年以降、日本の住宅の長寿命化も徐々に進展してきた。そのため、リフォーム市場規模の拡大が期待されているのだが、先にも述べたように成り行きでの拡大は期待できない。リフォーム市場に対する問題点や課題については、多くの調査分析がなされているので、ここでは簡単に触れておくにとどめたい。

　リフォーム事業には、多様な業種から、大小様々な事業者が参入してい

る。工事の規模はもちろん、内容も多種多様であるため、生活者はリフォームを依頼する事業者の探し方が分からないと感じている。リフォーム事業者の資格や施工実績、利用者の評価等をインターネット等で提供する民間サービスも増えてきてはいるものの、生活者が信頼できる事業者を選択できる情報の充実も必要だ。

　また、生活者の多くは、リフォーム工事費用の妥当性も判断が難しいと感じている。リフォームは、住宅設備機器の交換から耐震改修まで規模も内容も様々であるうえ、複数の工事を組み合わせて実施することも多いことから、工事費用を一概に比較し難いという実情もある。加えて、一般的な生活者はリフォームに対する専門知識や経験も少ない。最近では、専門家として生活者に対して相談や助言を行う民間サービスが立ち上がり始めてはいるものの、認知度も低く、普及に向けてはまだまだ課題がありそうだ。

　さらに、リフォーム資金の調達に関しても問題となることが多い、国土交通省の調査によれば、リフォーム工事に必要な資金は自己資金により対応されるのが一般的であり、ローンの利用割合は1割程度とされている。既存住宅購入後に1,000万円を超えるようなリフォームを行う場合であっても、ローン利用割合は約2割程度にとどまっていると指摘されている。リフォーム工事や、既存住宅の購入後に行われるリフォーム工事に対するローン商品も増えてきてはいるものの、新築住宅に対するローンに比べると、各種条件面で不利な場合も多い。法制度改正も含め、リフォームに対する資金調達環境を整備していくことも喫緊の課題である。

　以上のようにリフォーム市場規模の拡大に向けては、様々な課題がある。しかしながら、ポテンシャルが高いことは間違いないので、行政主導の政策的支援や、民間事業者の創意工夫、および生活者への啓発を積極的に進めていくことによって、ポテンシャルを顕在化させていくことが求められる。

5 既存住宅流通量の現状と中長期的な見通しは？

（1）2030年の既存住宅流通量は34万戸に増加する

　では、既存住宅流通量は近年、どのように推移していて、今後どのように推移していくのだろうか？我が国において、既存住宅流通量を正確に把握している統計情報は整備されていない。そこでNRIの研究チームでは、2000～2015年の各年における住宅購入者（日本全国の25～59歳の男女9,204名）を対象にアンケート調査を実施し、既存住宅流通量の推計と予測を行った。ここでは、既存住宅流通量の推計・予測の考え方と結果を紹介したい。推計・予測は、以下の3ステップを経て行っている（図表62）。

【Step 1】当該期間に初めて住宅を購入する世帯数の推計・予測

　総務省「国勢調査」と国立社会保障・人口問題研究所「日本の世帯数将来推計」から「A.世帯主の年齢5歳区分の世帯数」を把握する

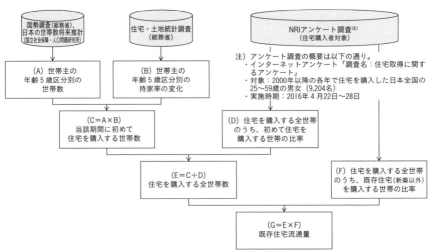

図表62　既存住宅流通量推計・予測の考え方

（図表63）。さらに、総務省「住宅・土地統計調査」から「B. 世帯主の年齢5歳区分の持ち家率の変化」を把握する（図表64）。これらを踏まえ、「C. 当該期間に初めて住宅を購入する世帯数」を推計・予測する（図表65）。

【Step 2】住宅を購入する全世帯数の推計・予測

NRIのアンケート調査から「D. 住宅を購入する全世帯のうち、初めて住宅を購入する世帯の比率」を把握する（図表66）。Step 1で推計・予測した「C. 当該期間に初めて住宅を購入する世帯数」を踏まえ、「E. 住宅を購入する全世帯数」を推計・予測する（図表67）。

【Step 3】既存住宅流通量の推計・予測

NRIのアンケート調査から「F. 住宅を購入する全世帯のうち、既存住宅（新築以外）を購入する世帯の比率」を把握する（図表68）。Step 2で推計・予測した「E. 住宅を購入する全世帯数」を踏まえ、「G. 既存住宅流通量」を推計・予測する（図表69）。

「D. 住宅を購入する全世帯のうち、初めて住宅を購入する世帯の比率」

図表63 世帯数の推移と予測（世帯主の年齢5歳区分別）

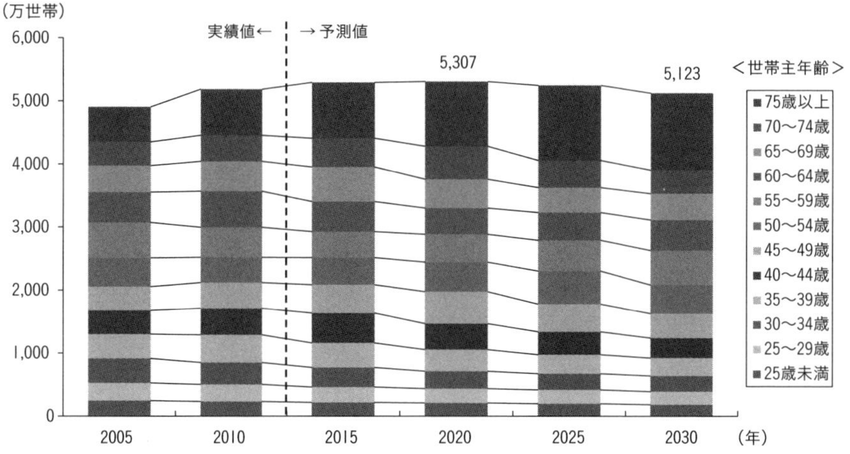

出所）実績値：総務省「国勢調査」
　　　予測値：国立社会保障・人口問題研究所「日本の世帯数将来推計」

第 2 章　重要性が増す既存住宅の活用

図表64　持家率の推移と予測（世帯主の年齢 5 歳区分別）

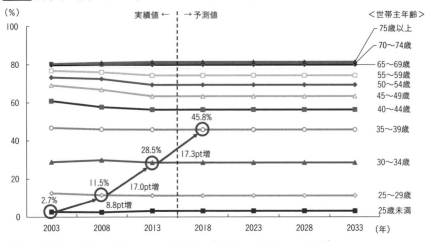

出所）実績値：総務省「住宅・土地統計調査（2003年、2008年、2013年）」
　　　予測値：NRI

図表65　初めて住宅を購入する世帯数（5 年間累積）の推移と予測

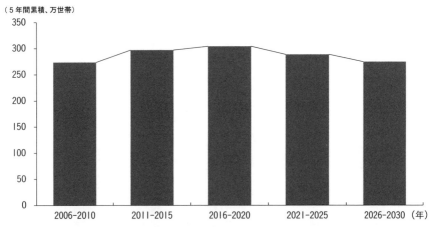

出所）国勢調査、総務省「人口推計」、国立社会保障・人口問題研究所「日本の世帯数将来推計」、総務省「住宅・土地統計調査」

5 既存住宅流通量の現状と中長期的な見通しは？

図表66 住宅を購入する全世帯のうち、初めて住宅を購入する世帯の比率

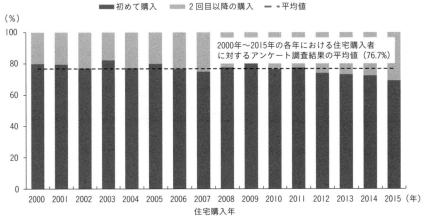

出所）NRIアンケート調査

図表67 住宅を購入する全世帯数（5年間累積）の推移と予測

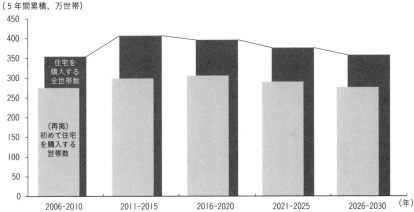

出所）国勢調査、総務省「人口推計」、国立社会保障・人口問題研究所「日本の世帯数将来推計」、総務省「住宅・土地統計調査」、NRIアンケート調査

第2章 重要性が増す既存住宅の活用

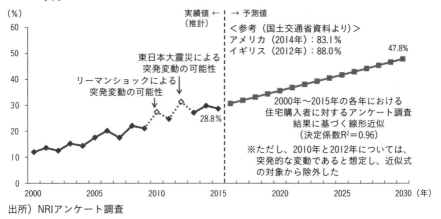

図表68 住宅を購入する全世帯のうち、既存住宅（新築以外）を購入する世帯の比率の推移と予測

出所）NRIアンケート調査

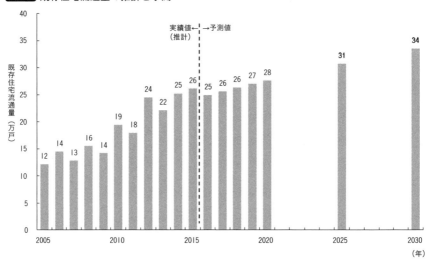

図表69 既存住宅流通量の推計と予測

出所）総務省「国勢調査」、「人口推計」、国立社会保障・人口問題研究所「日本の世帯数将来推計」、総務省「住宅・土地統計調査」、NRI住宅購入者アンケート調査をもとに、NRI推計・予測

を見ると、2000〜2015年の平均値は76.7％であることが分かる。2011年以降、2回目以降の購入比率が若干増加傾向にあると言えなくもないけれど、持続的な傾向と判断しきれないので、2016年以降は2000〜2015年の平均値76.7％で推移すると考えた。

「F．住宅を購入する全世帯のうち、既存住宅（新築以外）を購入する世帯の比率」を見ると、2000〜2015年まで、増減を繰り返しながらも上昇傾向にあることが分かる。近年の既存住宅の品質向上や立地の希少性に対する評価、エンドユーザーの購買力や価値観の変化により、2016年以降もこの傾向が継続すると仮定すると、2030年には47.8％になる。この仮定は、若干楽観的かもしれないけれど、アメリカの83.1％やイギリスの88.0％と比較すると、まだまだ日本の比率は低いとも言える。

以上を踏まえ、「G．既存住宅流通量」を推計・予測した結果、2015年は26.1万戸と推計され、2030年は33.6万戸と予測された。

（2）政策目標を達成するためには約13万戸を上積む必要がある

2016年3月に閣議決定された「住生活基本計画（全国計画）」（計画期間：2016〜2025年度）では、「住生活"産業"」に関する目標が初めて設定されている。「既存住宅流通・リフォームの市場規模を倍増し、20兆円市場にすることを目指す」とされており、その内訳としては、既存住宅流通の市場規模を4兆円（2013年）から8兆円（2025年）に、リフォーム市場規模を7兆円（2013年）から12兆円（2025年）に、それぞれ倍増することを目標として掲げている。特に、既存住宅流通の市場規模拡大に向けては、以下のような基本的な施策に取り組むとされている。

①既存住宅が資産となる「新たな住宅循環システム」の構築。そのための施策を総合的に実施
　1．建物状況調査（インスペクション）、住宅瑕疵保険等を活用した品質確保

2. 建物状況調査（インスペクション）における人材育成や非破壊検査技術の活用等による検査の質の確保・向上
3. 住宅性能表示、住宅履歴情報等を活用した消費者への情報提供の充実
4. 内装・外装のリフォームやデザインなど、消費者が住みたい・買いたいと思う既存住宅の魅力の向上
5. 既存住宅の価値向上を反映した評価方法の普及・定着

②耐震、断熱・省エネルギー、耐久性能等に優れた長期優良住宅等の資産として承継できる良質で安全な新築住宅の供給

③資産としての住宅を担保とした資金調達を行える住宅金融市場の整備・育成

　仮に、NRIの研究チームによる既存住宅流通量の推計・予測が正しいとすると、2013年の既存住宅流通量は22.1万戸であり、2025年は30.7万戸になる。住生活基本計画で掲げられている目標（2013年から倍増）を達成するためには、約13万戸を上積む必要がある（図表70）。

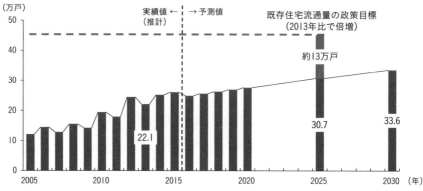

図表70　既存住宅流通量の推移と予測

出所）国勢調査、総務省「人口推計」、国立社会保障・人口問題研究所「日本の世帯数将来推計」、総務省「住宅・土地統計調査」、NRIアンケート調査

（3）既存住宅流通量を拡大するためには「移動人口」の拡大が重要である

　NRIの研究チームによる予測の考え方を踏まえると、2025年の新設住宅着工戸数67万戸と既存住宅流通量31万戸は、いずれも現状の延長線上にある成り行きシナリオである。仮に政策目標である既存住宅流通の拡大が達成されても、その分、新設住宅着工戸数が更に減少するという状況は、住宅業界として歓迎できないだろう。住宅市場が日本経済に及ぼす影響を考えても、新設住宅着工戸数は成り行きシナリオ通りに減少することはやむを得ないとしても、既存住宅流通量の上積み分を純増させる方法はないだろうか。言い換えるならば、新設住宅着工戸数に影響を与えることなく、既存住宅流通量を拡大していくためには、どうしたらよいだろうか。

　実は、新設住宅着工戸数と既存住宅流通量の合計値は、先にも述べた移動人口との相関が高い。因果関係は定かではないけれども、仮にこの傾向が正しいとすれば、移動人口が変わらずに、既存住宅流通量が拡大すると、その分、新設住宅着工戸数は減少することになる。つまり、新設住宅着工戸数を維持したまま、既存住宅流通量を拡大させるためには、移動人口を増やさなければならない。仮に、2025年の新設住宅着工戸数67万戸を維持したまま、既存住宅流通量を31万戸から政策目標である44万戸に引き上げたとすると、移動人口を872万人から1,009万人に引き上げる必要があると試算される（図表71）。

　先にも述べたように、移動人口は1995年の1,260万人をピークに減少傾向にある。この傾向が維持されると、2025年の移動人口は872万人になる。これを1,009万人に引き上げることができれば、政策目標が達成される計算になる。我が国における社会経済の成熟化に伴い、都市化が進展し、日本人は徐々に移動しなくなってきている。今後、人口減少と高齢化が進展すると、ますます移動しなくなると見込まれる。しかしながら、2025年の移動人口1,000万人という水準は、直近の移動人口を維持すれば

達成できる水準だと考えれば、あながち夢物語でもないだろう（**図表72**）。

図表71 住宅流通量と移動人口の関係

	住宅流通量(戸)	新築住宅(戸)	既存住宅(戸)	移動人口(人)
成り行きケース	98万	67万	31万	872万
			+13万戸 ↓	1.2倍 ↓
既存住宅流通の目標達成ケース	111万	67万	**44万**	**1,009万**

注）"移動人口"と"名目GDP"から"住宅流通量"の算定式を簡易的に設定し、"住宅流通量が111万戸"となる場合の"移動人口"を推計

（4）移動人口の拡大は生活者の住生活環境の質的向上につながる

　人口・世帯数減少社内において、とりわけ高齢化が進展する社会において、移動人口を拡大していくことは、ライフステージの変化に応じて、最適な住宅を選択できる環境を整備することにつながると、筆者は考えている。そうした環境整備は最終的に、生活者の住生活環境の質的向上につながると考える。

　全人口に対する移動人口の比率を算出して、平均寿命を85歳とした場合の生涯住替え頻度を試算してみると、成り行きシナリオでは2025年に6.1回（14年に1回）となる。政策目標を達成する水準まで移動人口を拡大で

5 既存住宅流通量の現状と中長期的な見通しは？

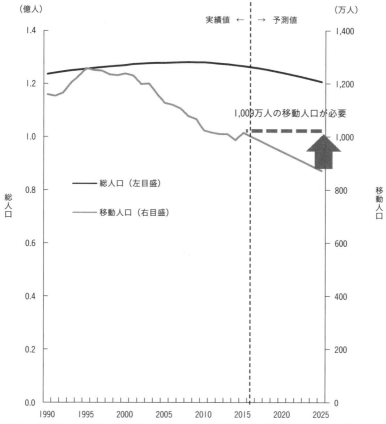

図表72 移動人口の推移と予測

出所）実績値：総務省「住民基本台帳人口移動報告」、「国勢調査」よりNRI推計
予測値：国立社会保障・人口問題研究所「日本の将来推計人口」よりNRI予測

きたとすると、生涯住替え頻度は7.1回（12年に1回）となる（図表73）。誤解を恐れずに言うならば、成り行きシナリオよりも生涯住替え頻度を1回増やせば、政策目標が達成できる。一つのイメージとして、多くの人が終の棲家と考えて取得した持家から、リタイアメント後にあと1回、高齢者のライフスタイルに合った住宅に住み替えることを定着させていくこと等が考えられる。

　高齢化の進展に伴い、社会保障費が増大していくなか、できるだけ健康

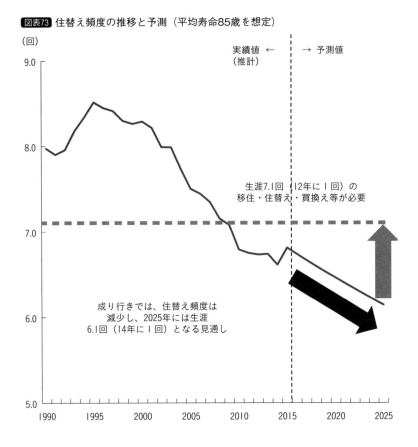

図表73 住替え頻度の推移と予測（平均寿命85歳を想定）

で、一日でも長く自宅で生活できる環境を整えることは、我が国が抱える最重要課題の一つでもある。ところが現状では、30〜40歳代に購入した持家に、介護が必要になるギリギリまで住み続ける人が多い。もう少し早く、自らの住生活環境を見直すことが定着していけば、生活者のQOL（Quality of Life）が向上するのではないだろうか。もちろん、住み替えだけが選択肢ではなく、リフォームも選択肢となるはずである。

6 米国における既存住宅流通の仕組みと日本のビジネス環境は？

（1）米国では情報開示に伴う買主責任が定着している

日本に比べると米国は、圧倒的に既存住宅流通市場が発達している（図表74）。その背景には、既存住宅活用に関する情報提供や支援サービス等が充実していることが大きい。

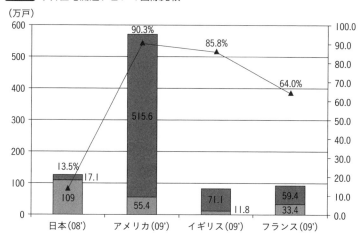

図表74 中古住宅流通シェアの国際比較

（資料）
日本：住宅・土地統計調査（平成20年）（総務省）、住宅着工統計（平成21年）（国土交通省）
アメリカ：Statistical Abstract of the U.S.2009
イギリス：コミュニティ・地方政府省（URL http://www.communities.gov.uk/）
　　　　　　　（既存住宅流通戸数は、イングランド及びウェールズのみ）
フランス：運輸・設備・観光・海洋省（URL http://www.eqipment.gouv.fr/）
注1）イギリス：住宅取引戸数には新築住宅の取引戸数も含まれるため、「住宅取引戸数」－「新築完工戸数」を既存住宅取引戸数として扱った。また、住宅取引戸数は取引額4万ポンド以上のもの。なお、データ元である調査機関のHMRCは、このしきい値により全体のうちの12％が調査対象からもれると推計している。
注2）フランス：年間既存住宅流通量として、毎月の既存住宅流通量の年換算値の年間平均値を採用した。
出所）国土交通省

日本では、既存住宅を売買する場合、売買プロセスにおけるほとんどのサービスを対象となる既存住宅の情報を有する不動産仲介業者が提供している。一方、米国では、高度化・多様化する生活者のニーズに対応するため、不動産エージェント（日本の不動産仲介業者に相当する）と各専門業者（ローン会社、エスクロー、インスペクター、登記保険会社など）の役割が明確に分離されている。生活者は、既存住宅売買のプロセスにおいて発生する各手続きにおいて、異なる専門業者を活用する。このような状況下では、不動産エージェントや各専門業者に競争原理が働くため、生活者に対応したサービス内容で差別化を図ろうとする。結果として、生活者が享受するサービスレベルが全体的に向上する。逆の見方をすれば、各手続きで発生する相談やトラブルには各専門業者が対応するため、専門業者との分業は不動産エージェントのリスク分散につながってもいる。

　また、日本では生活者が入手可能な既存住宅の情報は限定的である。一方、米国では既存住宅に関わる情報が基本的にオープンになっているため、それらの情報に基づいて購入した住宅に関わる各種問題の発生リスクは買主が負うという認識が定着している。既存住宅に関わる情報は、インターネット上のMLS（Multiple Listing Service：米国の住宅物件登録・紹介システム）と呼ばれるデータベースにて整備されている。生活者でもMLSにアクセスすれば、既存住宅の修繕履歴や売買履歴、登記情報などをリアルタイムで取得することができる。

　さらに、日本における既存住宅の資産価値査定においては、土地と建物を別々の不動産として扱い、異なる評価方法を適用している。一般的には、土地については取引事例比較法、建物については原価法が適用されている。原価法は、同じ建物を再度建築する場合にかかる再調達原価を割り出し、一律に経年減価するという前提のもとに、現在価値を推定する手法で、建物の想定上の耐用年数から実際の経過年数を割り引くことで、低下した分の資産価値を計算している。日本では戸建て住宅の耐用年数が20〜

25年に設定されているため、建築年数が20年を経過すると、保存状態に関係なく建物の資産価値がゼロとなり、土地のみが資産として残る。一方、米国では、土地と建物は一体として扱われ、両者とも取引事例比較法に基づいて評価される。対象不動産と条件が近い不動産の取引事例を比較して最終的な取引価格を算出するため、住宅の建築年数に関係なく市場価値が反映される。さらに、米国の鑑定評価では、リフォームなどが行われた場合、実質的な経過年数が短くなったと認識される。したがって、既存住宅の売買時に残りの耐用年数を算出する際には、設定された耐用年数（米国の場合は27.5年）から建築年数ではなく、実質的な経過年数が差し引かれる。つまり、適切にメンテナンスされていれば、住宅の資産価値は低下することなく市場で評価される。

　国土交通省は2013年6月に「既存住宅インスペクション・ガイドライン」を策定・公表し、ガイドラインを踏まえた適切なインスペクションの普及を図っている。米国でも2000年代に入ってから、買い手側の立場から建物を検査するインスペクションの制度化が急速に進んだ。既存住宅の購入を考えている生活者は、プロの鑑定人やインスペクション代行業者に依頼することで、物件の状態を正確に把握できる。この情報を基に、住宅購入後に発生する経済的な損害の有無や健康面への影響を確認する。インスペクションを通じて、買主自身が最終的な契約の判断を下せるようになっている。

　以上のような米国における既存住宅流通システムの特徴を見ると、生活者の既存住宅に関わる各種情報へのアクセスが整備されている代わりに、購入した住宅に関わる各種問題の発生リスクは買主が負うことになっていることが分かる。一方、日本における既存住宅流通市場においては、生活者が取得できる情報が限定されているため、生活者を如何に保護するかということが重要な論点になっている面も否定できない。米国の事例を踏まえると、日本において既存住宅流通市場を活性化していくためには、生活者への情報開示を充実させると同時に、生活者が自身で判断を下せるよ

う、サポート体制のサービスレベルを上げていくことも考えるべきではないだろうか。

(2) 日本ではリノベーション事業・買取再販事業が普及しつつある

　日本では近年、リノベーション事業や買取再販事業と呼ばれるビジネスが普及しつつある。既存住宅を事業者が一度購入し、リフォームやリノベーションを実施したうえで、生活者に再度売却するビジネスである。本事業には、不動産会社や不動産仲介会社、ハウスメーカー、建設会社など様々な領域から企業が参入している。事業者は、リフォームやリノベーションに関する収益を得るケースもあるけれど、基本的には外注している場合が多いため、収益の源泉は当該住宅を購入した時点と売却した時点の差額（キャピタルゲイン）となる。したがって、本事業は不動産市況に大きく影響を受けることになり、市況変動に連動して業績が安定しない場合が多い。つまり、地価上昇局面ではキャピタルゲインを得やすいけれど

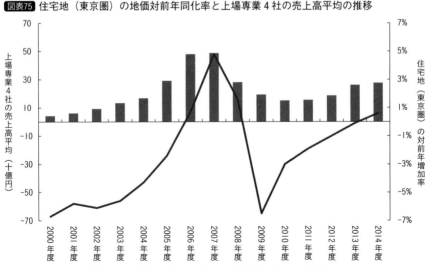

図表75　住宅地（東京圏）の地価対前年同化率と上場専業4社の売上高平均の推移

出所）国土交通省「都道府県地価調査」、各社有価証券報告書よりNRI作成

も、地価減少局面ではキャピタルロスになってしまうのだ（**図表75**）。

　生活者から見ると、自ら既存住宅を購入して、自らの好みにリフォーム・リノベーションすれば、同じことではある。しかしながら、一般的な生活者は、リフォーム・リノベーションされていない住宅を適切に評価することは難しいうえ、既存住宅のリフォーム・リノベーション後の姿をイメージできないため、リフォーム・リノベーション済み既存住宅の方が購入しやすいと捉えられる場合が多い。

　生活者から見て分かり易いこうしたビジネスは、既存住宅流通の活性化に大きく貢献することが期待される。しかしながら、不動産価格の変動リスクを負わなければならない事業者から見ると、事業参入・事業拡大上の課題も多い。各社とも市況変動を注意深く見極めながら、在庫期間をできる限り短縮することで、リスクマネジメントを図ろうとしている。何らかの方法で、このリスクをヘッジすることができれば、市場拡大が進むのではないだろうか。

7 人口・世帯数減少時代に住宅市場を活性化できるか？

(1) 自分に合った住宅を選びやすい環境を整えるべき

　1970年代初めに、生涯の住宅の変遷を双六（すごろく）に例えた"住宅双六"という言葉が生まれた。「振り出し」は、都会の単身アパートで、結婚してファミリータイプの賃貸マンションを経て、分譲マンションを購入、マンションを転売して郊外に庭付き一戸建て住宅を購入して「一国一城の主」となって「上がり」となる。都市居住者の理想として、バブル崩壊頃まで定着した。ところがバブル崩壊以降、不動産価格の下落に加え、世帯構造やライフスタイルが多様化するにつれ、住宅双六は必ずしも理想では無くなり、完全に崩壊した。

　特に最近では、世帯構造やライフスタイルの多様化が、住宅の選択行動を多様化させている。バブル崩壊以前は、住宅の一次取得層と言われる35〜45歳男性のプロファイルは、ある程度パターン化されていた。多くの人が結婚し、子供を抱えるファミリー世帯の世帯主もしくはその配偶者となっていた。しかしながら、近年では、未婚・離婚・DINKS（夫婦のみ）・パラサイトシングル（親と同居）……、実にバリエーションに富んでいる（図表76）。一生賃貸でも構わないという考え方を持つ人も少なくない（図表77）。"住宅双六"も複雑化して、"双六"で言えば、「1マス戻る」や「振り出しに戻る」も増えてきたのだ。

　高齢化が進むなかでは、従来の"住宅双六"における「上がり」も「上がり」ではなくなってきている。バリアフリー対応や介護対応のためにリフォームするケースも増えてきているし、老人ホームやサービス付き高齢者住宅等、より高齢者が生活しやすい住宅も増えてきている。高齢化社会においては、郊外の庭付き一戸建て住宅が必ずしも理想的な「上がり」で

図表76 世帯主が35〜39歳男性の世帯構成（1985年と2010年の比較）

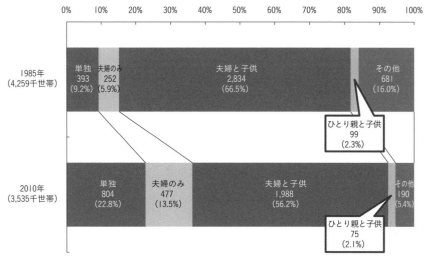

出所）総務省「国勢調査」よりNRI作成

図表77 A.「一生、借家住いでも構わないと思っている」と、B.「無理をしてでもいつかは自分の家を持ちたい」のうち、Aに近い回答者

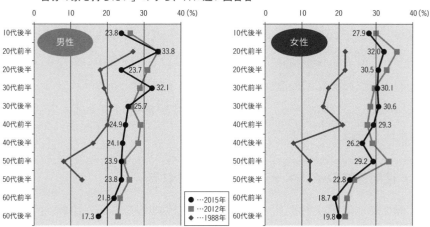

出所）NRI「生活者アンケート調査」（88年、全国の満18〜59歳の1,385人に訪問留置法で実施）、
　　　NRI「生活者1万人アンケート調査」（2012年、2015年）

はないのだ。

　筆者は、日本における住宅（住生活と換言しても良い）の選択肢は、まだまだ改善の余地があると考える。住宅は耐久消費財のなかでも、最も買い替えのサイクルが長い。一生のなかで何度も経験することではないため、自らの住宅に対するニーズを明確に描き、実現させていくことは簡単ではない。それでもかつてのように、多くの日本人のライフスタイルやライフステージが画一的であった頃は、"住宅双六"と例えられたように理想の住宅が語られ、先人達の姿を参考にすることができた。しかしながら、日本人のライフスタイルやライフステージが多様化してくると、必ずしも先人達の姿に最適解があるとは限らない。

　日本人のライフスタイルやライフステージが多様化し、結果として世帯構造も多様化しているにもかかわらず、住宅の供給構造には大きな変化は見られない。もちろん住宅の平面プランや設備機器等は着実に進化・多様化してきた。しかし、供給構造は、注文戸建・建売戸建・既存戸建・分譲マンション・既存マンション・賃貸アパート・賃貸マンション・シェアハウス……と、それぞれのカテゴリー毎に異なっているため、自分がどのカテゴリーの住宅に住みたいかを自分で決めないと、住宅探しもできないのだ。日本における住宅の選択肢を多様化し、誰もが自分のライフステージやライフスタイルに合った住宅を選びやすい環境が整えば、生活者のQOLは向上していくだろう。

（2）住宅産業のイノベーションが求められる

　本章では、新設住宅着工戸数の減少、伸び悩むリフォーム市場、成長が期待される既存住宅流通市場など、2030年までの国内住宅市場をできるだけ客観的に予測することを試みた。その結果はいずれも、かなり厳しいものであり、若干ながら明るい材料だと言えるのは既存住宅流通量の拡大である。逆に言えば、相対的に既存住宅活用の重要性が明らかになった。

こうした国内住宅市場の見通しを踏まえると、とりわけ、この市場を主戦場としてきたハウスメーカーやハウスビルダー、デベロッパー、住宅設備メーカー、建築資材メーカーなどは、今後ますます事業構造転換が求められる。むしろ、これらのプレイヤーにおける事業構造転換そのものが、リフォーム市場や既存住宅流通市場の創造・拡大を牽引する可能性もある。

　一方、日本の経済・社会の成熟化が進むなかで、「住宅」を新たなビジネスプラットフォームとして捉え、周辺業界・関連業界を含めた広義の住宅市場に、家具・家電・エネルギー・通信・流通小売・各種サービスといった異業種から参入しようとする動きも活発化している。特に最近では、ビッグデータや人工知能（AI）といった情報通信技術を駆使したリアルエステートテック（フィンテック、Fin Tech、Financial technologyの不動産版）やIoT住宅、ロボット技術等、新しい技術の研究開発や、これらを活用したサービスも登場してきている。住宅業界に及ぼす影響は、未知数ではあるものの、こうした分野に対する投資も急速に活発化している。

　年間市場規模が約20兆円超とも言われる住宅産業は本来、裾野の広い産業である。2030年に向けた日本の社会システムの大転換に伴い、住宅産業の構造転換を異業種とも連携しながら進めることができれば、この分野における事業機会は、まだまだ拡大の可能性があると言える。

　先にも述べたように、日本は今後、世界でいち早く超高齢化社会を迎え、経済・社会の成熟化はますます進展するものと見込まれる。この超高齢化社会において、どのように住宅市場を育成し、関連産業の持続的な発展を維持していくのか、ということが、世界の先進課題になりえる。日本企業がいち早くこの課題に対するソリューションを構築することができれば、グローバルな競争力強化の一助になるのではないだろうか。今後、多くの新興国が高齢化社会の抱える様々な問題に直面することとなるため、日本における住宅関連政策や住宅関連ビジネスのノウハウを強みとしていく可能性も広がるだろう。

第3章

空き家を巡る税金

1 空き家の保有

(1) 固定資産税等の概要

　空き地や空き家は、所有者がたとえ使用収益をしていなくても、固定資産税・都市計画税（以下、「固定資産税等」という。）がかかる。

　固定資産税は、毎年1月1日（賦課期日）現在の土地・建物などの所有者を納税義務者として、当該固定資産所在の市町村（東京都23区内は東京都）において課税する税金である。都市計画税は、都市計画法による都市計画区域のうち、原則として、市街化区域内に所在する土地・建物などに対して課税され、固定資産税と併せて徴収される。

　ここで所有者とは、登記簿または土地（家屋）補充課税台帳に、所有者として登記または登録されている者をいう。ただし、下記に該当する場合は、例外的に賦課期日において「現実に」土地・建物などを所有している者を納税義務者とすることとされている。

① 所有者として登記等されている個人が賦課期日前に死亡しているとき
② 所有者として登記等されている法人が賦課期日前に消滅しているとき
③ 所有者として登記されている非課税団体（国並びに都道府県等）が賦課期日前に所有者でなくなっているとき

　その他、未登記家屋についても、「現に所有している者」が納税義務者となる。

　このように、固定資産税等は、原則として、「所有」という事実に基づいて課税されるので、所有者がたとえ使用収益をしていない空き地や空き家であっても、その土地・建物などの評価額に応じて課税関係が生じるこ

とになる。

(2) 固定資産税等の課税標準と税率

固定資産税等の税額は次の算式により計算する。

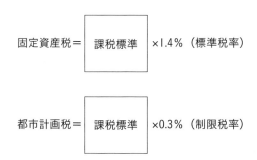

なお、土地の課税標準の基礎となる固定資産税評価額は、公示価格の約70％と定められている。ただし、固定資産税評価額は毎年ではなく、3年ごとに評価替えされる（直近では平成27年度に実施された）。3年ごとの評価替えによって、急激な税負担の変動を緩和するため、前年度の課税標準額に一定の負担調整措置を講ずることとされている。

(3) 固定資産税等の住宅用地の課税標準の特例

① 住宅用地の課税標準の特例

住宅用地については、税負担を軽減するため、特例が設けられている。対象となる住宅用地は、専用住宅または併用住宅（居住部分床面積が、全床面積の4分の1以上であるもの）の敷地の用に供されている土地で、住宅用地の価格（固定資産税評価額）に次表の割合を乗じたものが課税標準とされる。

区分	固定資産税	都市計画税
小規模住宅用地 ^(注1)	6分の1	3分の1
一般の住宅用地 ^(注2)	3分の1	3分の2

(注1) 住宅1戸について200㎡までの住宅の敷地
(注2) 住宅1戸について200㎡を超え、住宅の床面積の10倍までの住宅の敷地

　この住宅用地の特例の範囲には、いわゆるセカンドハウス（毎月1日以上の居住の用に供されるもの）は含まれるが、専ら保養の用に供される別荘用地は除くこととされている。別荘用地か住宅かは、家屋の構造で区別されるものではないため、使用の実態で判断することとされているが、実態は、最初の登録における判断が据え置かれていることが少なくない。

② **空き家等対策の推進に関する特別措置法に基づく課税標準の特例**

　人口減少とともに増え続ける空き家問題が新たな課題になっている。管理が不十分な空き家の放置は、火災の発生や建物の倒壊、衛生の悪化、防犯性の低下、景観の悪化など、様々な問題を引き起こす危険性が高くなる。

　そこで平成27年5月に施行された「空家等対策の推進に関する特別措置法（平成27年2月施行）」の第2条において「空家等」および「特定空家等」が次のように定義された。

> 第二条　この法律において「空家等」とは、建築物又はこれに附属する工作物であって居住その他の使用がなされていないことが常態であるもの及びその敷地（立木その他の土地に定着する物を含む。）をいう。ただし、国又は地方公共団体が所有し、又は管理するものを除く。

> 2　この法律において「特定空家等」とは、そのまま放置すれば倒壊等著しく保安上危険となるおそれのある状態又は著しく衛生上有害となるおそれのある状態、適切な管理が行われていないことにより著しく景観を損なっている状態その他周辺の生活環境の保全を図るために放置することが不適切である状態にあると認められる空家等をいう。

これを受けて、平成27年度税制改正において、勧告の対象となった「特定空家等」の敷地を①**住宅用地の課税標準の特例**の範囲から除外する措置が講じられた。

住宅用地の課税標準の特例は、①で述べたとおり、200㎡までは固定資産税が6分の1、都市計画税が3分の1となり、200㎡超の部分は固定資産税が3分の1、都市計画税は3分の2と軽減される。建物の建築年数など、老朽具合についての要件は付されていない。

改正により、特定空家等が特例から除外されることにより、固定資産税は最大6倍、都市計画税は3倍になる（商業地等の負担調整措置70％考慮後は、固定資産税4.2倍、都市計画税2.1倍）。

「特定空家等」とは、以下の（イ）から（ニ）の状態にあると認められるものをいう。

（イ）　そのまま放置すれば倒壊等著しく保安上危険となるおそれのある状態
（ロ）　そのまま放置すれば著しく衛生上有害となるおそれのある状態
（ハ）　適切な管理が行われていないことにより著しく景観を損なっている状態
（ニ）　その他周辺の生活環境の保全を図るために放置することが不適切である状態

したがって、一次的な空室の状態であったり、空き家であったりしても定期的な管理をしているのであれば、直ちに固定資産税等の負担が増える

ということにはならない。

　国土交通省が定める「特定空家等に対する措置」に関する適切な実施を図るための指針（ガイドライン）においては、まず市町村が、管理が不十分である空家を「立入調査」し、特定空家等に該当する場合は、その所有者等に対して除却や修繕、立竹木の伐採その他周辺の生活環境の保全を図るために必要な「助言又は指導」を行う。それでも所有者等が必要な措置を取らないときや、改善が不十分なとき、または期限までに完了する見込みがないときに、市町村が「勧告」、さらに「命令」、命令に従わない場合は、「代執行」に移行することがあるとされている。

　実際には各市町村が判断をすることになるが、固定資産税等の住宅用地の課税標準の特例の適用対象から除外する措置については、「勧告」のレベルで実施を予定していることに留意しなければならない。

　なお、ガイドラインの詳細は次のとおりである。

第3章　特定空家等に対する措置

1. 適切な管理が行われていない空家等の所有者等の事情の把握
2. 「特定空家等に対する措置」の事前準備
(1) 立入調査
 ・明示的な拒否があった場合に、物理的強制力を行使してまで立入調査をすることはできない。
 ・空家等を損壊させるようなことのない範囲内での立入調査は許容され得る。
(2) データベース（台帳等）の整備と関係部局への情報提供
 ・税務部局に対し、空家等施策担当部局から常に「特定空家等」に係る最新情報を提供
(3) 特定空家等に関係する権利者との調整
 ・抵当権等が設定されていた場合でも、命令等を行うに当たっては、関係権利者と必ずしも調整を行う必要はない。
3. 特定空家等の所有者等への助言又は指導
(1) 特定空家等の所有者等への告知
(2) 措置の内容等の検討

4. 特定空家等の所有者等への勧告
(1) 勧告の実施
 ・固定資産税等の住宅用地特例から除外されることを示すべき。
 ・勧告は書面で行う。
 ・措置の内容は、規制目的を達成するために必要かつ合理的な範囲内
(2) 関係部局への情報提供
5. 特定空家等の所有者等への命令
(1) 所有者等への事前の通知
(2) 所有者等による公開による意見聴取の請求
(3) 公開による意見の聴取
(4) 命令の実施
 ・命令は書面で行う。
(5) 標識の設置その他国土交通省令・総務省令で定める方法による公示
6. 特定空家等に係る代執行
(1) 実体的要件の明確化
(2) 手続的要件
(3) 非常の場合又は危険切迫の場合
(4) 執行責任者の証票の携帯及び呈示
(5) 代執行の対象となる特定空家等の中の動産の取扱い
(6) 費用の徴収

7. 過失なく措置を命ぜられるべき者を確知することができない場合
(1) 「過失がなくて」「確知することができない」場合
 ・不動産登記簿情報、固定資産税情報等を活用せずに、所有者等を特定できなかった場合、「過失がない」とは言い難い。
(2) 事前の公告
(3) 代執行の対象となる特定空家等の中の動産の取扱い
(4) 費用の徴収
 ・義務者が後で判明したときは、その者から費用を徴収できる。
8. 必要な措置が講じられた場合の対応
 ・所有者等が、勧告又は命令に係る措置を実施し、当該勧告又は命令が撤回された場合、固定資産税等の住宅用地特例の要件を満たす家屋の敷地は、特例の適用対象となる。

出所）国土交通省「特定空家等に対する措置」に関する適切な実施を図るための指針（ガイドライン）【概要】より一部抜粋

（4）固定資産税等のその他の特例

① 新築住宅（建物）に係る固定資産税の減額特例

新築を促す効果を狙った固定資産税の減額特例がある。

平成30年3月31日までに新築された住宅で、次の要件を満たすものは、120㎡までの住宅部分に相当する固定資産税の2分の1を3年度分（3階建以上の耐火建築物は5年度分）減額するという特例である。新築住宅には、増築、改築、曳行移転、解体移転を含まない。

（イ）　居住の用に供する部分の床面積50㎡（戸建以外の賃貸住宅は40㎡）以上280㎡以下であるもの

（ロ）　居住の用に供する部分の床面積の割合が全体の床面積の2分の1以上であること

　さらに、計画的な宅地化を促進するために設けられた「特定市街化区域農地の所有者等の新築貸家住宅等に対する軽減」措置も設けられている。

② **既存住宅に一定の改修工事を行った場合の固定資産税の減額特例**

　既存住宅に対し、耐震改修工事、バリアフリー改修工事、省エネ改修工事を行った場合の減額特例もある。

（イ）耐震改修工事を行った住宅に対する減額

　　昭和57年1月1日以前から所在する住宅のうち、平成30年3月31日までの間に、一定の耐震基準に適合させる改修工事（改修に要した一戸当たり工事費用の自己負担額が50万円超のものに限る）を行ったことにつき証明された住宅について、工事が完了した翌年度分から最大2年度分、固定資産税の税額の2分の1に相当する額（床面積120㎡相当額を上限）を減額する制度

（ロ）バリアフリー改修工事を行った住宅に対する減額

　　新築された日から10年以上経過した住宅（貸家を除く）のうち、平成28年4月1日から平成30年3月31日までの間に、一定のバリアフリー改修工事（改修に要した一戸当たりの工事費用の自己負担額が50万円超のもので、改修後の床面積が50㎡以上のものに限る）を行った住宅で、高齢者等が居住しているものについて、工事が完了した翌年度分の固定資産税の税額の3分の1に相当する額（床面積100㎡相当額を上限）を減額する制度

(ハ) 省エネ改修工事を行った住宅に対する減額

平成20年1月1日以前から所在する住宅（貸家を除く）のうち、平成20年4月1日から平成30年3月31日までの間に一定の省エネ改修工事（改修に要した一戸当たりの工事費用の自己負担額が50万円超のもので、改修後の床面積が50㎡以上のものに限る）を行った住宅について、工事が完了した翌年度分の固定資産税の税額の3分の1に相当する額（床面積120㎡相当額を上限）を減額する制度

〈改修工事を行った場合の減額特例〉

改修工事の種類	対象となる住宅	改修工事の要件		減額される額	
		改修工事が完了する期間	内容		
耐震改修	昭和57年1月1日以前から所在する住宅	平成18年1月1日から平成30年3月31日まで	一定の耐震基準に適合する工事をしたことにつき証明されたもの（改修に要した費用が50万円超のもの）	平成25年1月1日～平成30年3月31日までに完了した改修	当該工事が完了した年の翌年分から1年度分の固定資産税の税額の2分の1（120㎡相当額が上限） ※通行障害既存耐震不適格建築物に該当する住宅の場合は2年度分
バリアフリー改修	新築された日から10年以上経過した住宅で高齢者、要介護者、障害者の方が居住している住宅（貸家を除く）	平成28年4月1日から平成30年3月31日まで	一定のバリアフリー改修工事（改修に要した費用の自己負担額が50万円超のもので、改修後の床面積が50㎡以上のもの）	当該工事が完了した年の翌年の固定資産税の3分の1（100㎡相当額が上限）	
省エネ改修	平成20年1月1日以前から所在する住宅（貸家を除く）	平成20年4月1日から平成30年3月31日まで	一定の省エネ改修工事（改修に要した費用の自己負担額が50万円超のもので、改修後の床面積が50㎡以上のもの）	当該工事が完了した年の翌年の固定資産税の3分の1（120㎡相当額が上限）	

(二) 家庭的保育事業、居宅訪問型保育事業または事業所内保育事業（利用定員が1人以上5人以下）の用に供する家屋および償却資産にかかる固定資産税等

課税標準を価格の2分1とする制度（利用定員6人以上の事業所用保育事業の用に供する固定資産税等については非課税）

③ 平成29年度税制改正

平成29年度税制改正により、固定資産税および都市計画税について次の改正が行われた。

(イ) 居住用超高層建築物の固定資産税等の見直し

高さが60mを超える建築物（建築基準法上の「超高層建築物」のうち、複数の階に住戸が所在しているもの。以下「居住用超高層建築物」という）の固定資産税等の税額について、各区分所有者にあん分する際に用いる占有部分の床面積が、階層の差異による取引単価の変化の傾向を反映する補正率により補正される。

補正率は、最近の取引価格の傾向を踏まえ、居住用超高層建築物の1階を100とし、一階ごとに、これに39分の10を加えた数値とされる。

また、天井の高さや付帯設備の程度等について著しい差異がある場合には、その差異に応じた補正を行う。

ただし、区分所有者全員による申し出があった場合には、上記割合に関わらずその申し出による割合で按分することも可能とされる。

この改正は、平成30年度から新たに課税されることとなる居住用超高層建築物（平成29年4月1日前に売買契約が締結された住戸を含むものを除く）について適用される。

(ロ) 平成29月4月1日から平成31年3月31までの間に、子ども・子育て支援法に基づく政府の補助を受けた事業主等が、一定の保育に係る施設を設置する場合の固定資産税等の課税標準の措置（新設）

土地および家屋については、最初の5年間、価格の2分の1を参酌し

て3分の1以上3分の2以下の範囲内で市町村の条例に定める割合を乗じて得た額が課税標準とされる。

償却資産税については、価格に次の割合を乗じて得た額が課税標準とされる。

　○大臣配分資産または知事配分資産……2分の1
　○その他の資産……2分の1を参酌して3分1以上3分2以下の範囲内で市町村の条例で定める割合

(ハ) 家庭的保育事業、居宅訪問型保育事業または事業所内保育事業（利用定員が1人以上5人以下）の用に供する家屋および償却資産にかかる固定資産税等の見直し

家屋について、価格の2分の1を参酌して3分1以上3分の2以下の範囲内で市町村の条例に定める割合を乗じて得た額が課税標準とされる。

償却資産税については、価格に次の割合を乗じて得た額が課税標準とされる。

　○大臣配分資産または知事配分資産……2分の1
　○その他の資産……2分の1を参酌して3分1以上3分2以下の範囲内で市町村の条例で定める割合

この改正は、平成30年度以後の年度分の固定資産税等について適用される。

2 空き家の相続

(1) 相続税の概要

　空き家等のうち相続によって生じたものは全体の52.3%を占めている。ここでは空き家の発生原因の半数以上を占めている相続の問題を税制面から論点整理する。

　空き家化する原因の一つに相続の発生がある。被相続人が一人暮らしで相続人が遠方に住んでいる場合、相続発生により空き家になった家屋を、相続人が売却したり賃貸したりすることなく、また除却することもせず、ただ放置することがある。固定資産税の軽減の特例の存在が家屋の除却を思いとどまらせる要因になっていることは **1** で見たとおりである。

　相続税は、亡くなった人（被相続人）の財産を相続または遺贈によって取得した場合に、その取得した財産の価額を基に、取得した相続人等に課せられる税である。

　ただ実際には、遺産総額から債務や葬式費用等を控除した正味の遺産（課税価格の合計額）が基礎控除額（3,000万円＋600万円×法定相続人の数）を超える場合にのみ課税される。基礎控除額算定の際の法定相続人の数には、相続を放棄した者も数に入れることとされている。

　基礎控除額は、平成27年1月1日以後開始の相続税から引き下げられたため、申告を要する対象者が都市部を中心に大幅に増えている。

　相続税の対象になる財産は、相続開始時において被相続人が所有していた財産すべてであり、現金・預貯金、有価証券、土地・家屋、事業用財産、ゴルフ会員権、保険契約に関する権利など被相続人に属する一切の財産のほか、本来は相続人等の固有の財産であるが、課税の公平の観点から、相続財産とみなされる財産（死亡保険金等）を含む。

相続税の申告期限は、相続開始があったことを知った日の翌日から10か月以内であり、それまでに分割協議が調わないと、後述する小規模宅地等の特例が、当初申告においては適用できない。

財産の評価は、原則として相続開始時の時価であるが、具体的評価方法は、一般的に財産評価基本通達によることとされている。

(2) 土地および家屋の評価

① 自用家屋・自用地の評価

自用家屋および敷地は、相対的に相続税評価が高くなる。

(イ) 家屋の評価

自用家屋は、相続開始年度の固定資産税評価額に倍率1を乗じて評価される。

(ロ) 家屋の敷地の評価

自用地（自用家屋の敷地を含む。）は、相続開始年分の路線価などに基づき評価される。

なお、空き家、その敷地の場合も、自用家屋、自用地として評価される。

② 貸家・貸家建付地の評価

貸家およびその敷地の相続税評価額は、自ら利用する場合より、低い価額で評価することとされている。これは、自ら居住せず、貸家として有償で貸し付けた場合、借家人に家屋およびその敷地の一定の支配権が発生し、家主側は、その範囲で使用収益権が制限されることとなるからである。

空き家を賃貸に転用すること、空き地に賃貸用家屋を建設することが相続税対策の柱として定着している感がある。

（イ）家屋の評価

　貸家は、借家権割合（30％）および賃貸割合を考慮して下記の算式により評価する。

　貸家の評価＝自用家屋の評価額×（1－借家権割合（30％）×賃貸割合）

　賃貸割合は、課税時期における下記の割合で計算する。

$$賃貸割合＝\frac{(A)のうち賃貸されている各独立部分の床面積の合計}{その家屋の各独立部分の床面積の合計（A）}$$

　上記算式の「各独立部分」とは、壁、天井・床等によって完全に他の部分と遮断されている部分で、独立した出入口を有するなど、独立して賃貸の用に供することができるものをいう。

　貸家としての評価は、現に借家権の目的とされる貸家の用に供されている場合に限られるため、課税時期（相続であれば相続開始時）において、空き家となっている場合には、たとえ、入居者を募集している場合であっても貸家には該当せず、原則として、自用家屋として評価する。

　ただし、賃貸アパート等で継続的に賃貸されている各独立部分で、次のような事実関係から、課税時期に一時的に空いていたと認められる場合には、その部分を含めて「賃貸されている各独立部分」に含むこことして差し支えないとされている。

○各独立部分が課税時期前に継続的に賃貸されてきたものであること
○賃借人の退去後速やかに新たな賃借人の募集が行われ、空室の期間中、他の用途に供されていないこと
○空室の期間が、課税時期の前後の例えば1か月程度であるなど一時的な期間であること

○課税時期後の賃貸が一時的なものではないこと

なお、借家権については、その権利が権利金等の名称を持って取引される慣行のある地域にあるものを除いては、評価の対象とはしないこととされている。

(ロ) 貸家建付地の評価

貸家建付地とは、貸家の敷地の用に供されている宅地をいう。

貸家建付地の評価は、自用地評価額から、その宅地に係る借地権割合と貸家に係る借家権割合、賃貸割合を考慮して下記の算式により評価することとされている。

> 貸家建付地の評価＝自用地評価額－（1－借地権割合×借家権割合×賃貸割合）

借地権割合は、その宅地に係る借地権割合による。具体的には国税庁の発表する倍率表や路線価図に、各宅地の借地権割合が示されている。

なお、借地権の取引慣行がない地域に存する貸家建付地については、借地権割合を20％として評価する。

借家権割合、賃貸割合は、上記**（イ）家屋の評価**のとおりである。

(3) 空き家に対する小規模宅地等の特例の適用の検討

相続税の課税価格の計算の特例の一つに小規模宅地等の特例がある。

空き家のまま相続した場合には、原則として、その敷地について、この小規模宅地等の特例の適用を受けることはできない。

小規模宅地等の特例とは、被相続人から相続または遺贈により取得した財産のうち、相続人等（被相続人または被相続人と生活を一にしていた被相続人の親族をいう）の生活の基盤となる居住用の宅地や事業用の宅地について、一定の評価減を行うことにより、相続税の課税価格を減額させると

いうものである。

　特例の対象となる宅地等は、相続または遺贈により取得した宅地等のうちに、相続開始の直前において、次の（a）または（b）のいずれかに該当する宅地等で、一定の建物または構築物の敷地の用に供されている宅地等をいう。

　（a）被相続人等の事業（不動産の貸付を含む）の用に供されていた宅地等
　（b）被相続人等の居住の用に供されていた宅地等

〈小規模宅地等の特例〉

相続開始の直前における宅地等の利用区分	被相続人等の事業の用に供されていた宅地等					被相続人等の居住の用に供されていた宅地等
	貸付事業以外の事業用の宅地等	貸付事業用の宅地等				
		一定の法人に貸し付けられ、その法人の事業（貸付事業を除く）用の宅地等	一定の法人に貸し付けられ、その法人の貸付事業用の宅地等	被相続人等の貸付事業用の宅地等		
要件	①特定事業用宅地等に該当する宅地等	②特定同族会社事業用宅地等に該当する宅地等	③貸付事業用宅地等に該当する宅地等	④貸付事業用宅地等に該当する宅地等	⑤貸付事業用宅地等に該当する宅地等	⑥特定居住用宅地等に該当する宅地等
限度面積	400㎡	400㎡	200㎡	200㎡	200㎡	330㎡
減額される割合	80%	80%	50%	50%	50%	80%

（注）特例の適用を選択する宅地等が以下のいずれに該当するかに応じて、限度面積を判定します。
　1　特定事業用等宅地等（①又は②）を選択する場合又は特定居住用宅地等（⑥）を選択する場合
　　（①+②）≦400㎡であること。また、⑥≦330㎡であること。
　2　貸付事業用宅地等（③、④又は⑤）及びそれ以外の宅地等（①、②又は⑥）を選択する場合
　　（①+②）×200/400+⑥×200/330+（③+④+⑤）≦200㎡であること。

（イ）事業用宅地等

○要件

　事業用宅地等のうち、特定事業用宅地等とは、被相続人の死亡直前において、被相続人等の事業の用（貸付事業を除く）に供されていた宅地等で、建物または構築物の敷地の用に供されているものをいう。

貸付事業用宅地等とは、貸家または貸地など貸付の用に供されている宅地等をいう。この場合、事業とはいえないような小規模な貸付であっても、相当の対価を得て継続的に行うものについても対象になる。なお、貸地とは、その土地が建物または構築物の用に供されているものをいうため、いわゆる青空駐車場のようにアスファルトなどの構築物が敷かれていない更地については、特例の適用がない。

　事業用宅地等（特定事業用宅地等および貸付事業用宅地等）は、相続税の申告期限までに事業を承継（生計一親族の事業用の場合は、それまで事業を継続）し、かつその宅地等を申告期限まで保有していることが要件になる。

○**貸家の小規模宅地等の特例の適用**

　上記のとおり、貸付事業用宅地等とは、相続開始の直前における状況で判断することとなっている。それでは、相続開始以前は満室であったアパートが相続開始の直前において一部空室となった場合はどうだろうか。この場合の小規模宅地等の特例の適用について、国税庁はホームページで下記の判断を情報として公表している。

　相続開始の直前に空室となったアパートの１室については、相続開始時において継続的に貸付事業の用に供していたものと取り扱うことができるか疑義が生ずるところであるが、空室となった直後から不動産業者を通じて新規の入居者を募集しているなど、いつでも入居可能な状態に空室を管理している場合は相続開始時においても被相続人の貸付事業の用に供されているものと認められ、また、申告期限においても相続開始時と同様の状況にあれば被相続人の貸付事業は継続されているものと認められる。

　したがって、そのような場合は、空室部分に対応する敷地部分も含めて、アパートの敷地全部が貸付事業用宅地等に該当することとなる。

財産評価における一時的空き家の取扱いでは空室の期間が、課税時期の前後の例えば1か月程度と具体的な期限をあげているが、小規模宅地等の特例においては、相続開始時から申告期限（相続開始があったことを知った日の翌日から10か月）までの間入居募集中の空き家であって、いつでも入居可能な状態に空室を管理している場合は、特例の適用ができるとしている点が異なる。

　また、言うまでもないことだが、偶発的・一時的な空室でなく、アパートを売却したり貸付事業を取りやめるために空室にしている場合は、その空室に対応する敷地については、小規模宅地等の特例の適用はない。

（ロ）居住用宅地等
　特定居住用宅地等は、次の通り、取得者ごとに要件が定められている。

2 空き家の相続

〈特定居住用宅地等の要件〉

区分		被相続人の居住の用に供されていた宅地等			被相続人と生計を一にする被相続人の親族の居住の用に供されていた宅地等	
	取得者	被相続人の配偶者	被相続人と同居していた親族	被相続人と同居していない親族	被相続人の配偶者	被相続人と生計を一にしていた親族
特例の適用要件	取得者等ごとの要件	「取得者ごとの要件」はありません。	相続開始の時から相続税の申告期限まで、引き続きその家屋に居住し、かつ、その宅地等を相続税の申告期限まで有している人	①から③の全てに該当する場合で、かつ、次の④及び⑤の要件を満たす人 ①相続開始の時において、被相続人若しくは相続人が日本国内に住所を有していること、又は、相続人が日本国内に住所を有しない場合で日本国籍を有していること ②被相続人に配偶者がいないこと ③被相続人に、相続開始の直前においてその被相続人の居住の用に供されていた家屋に居住していた親族でその被相続人の相続人（相続の放棄があった場合には、その放棄がなかったものとした場合の相続人）である人がいないこと ④相続開始前3年以内に日本国内にあるその人又はその人の配偶者の所有する家屋（相続開始の直前において被相続人の居住の用に供されていた家屋を除く。）に居住したことがないこと ⑤その宅地等を相続税の申告期限まで有していること	「取得者ごとの要件」はありません。	相続開始の直前から相続税の申告期限まで、引き続きその家屋に居住し、かつ、その宅地等を相続税の申告期限まで有している人

○被相続人の居住の用に供されていた宅地等

　被相続人の居住の用に供されていた宅地等を配偶者が取得する場合は無条件で特例の対象になる。相続取得後に売却しても他に貸し付けても影響はない。

　被相続人と同居していた親族が取得する場合は、相続税の申告期限まで保有し、居住していることが要件となる。申告期限を過ぎれば、売却しても他に貸し付けても、小規模宅地等の特例が取り消されることはない。

　一方、被相続人と同居していない親族がその宅地等を取得した場合にも、この特例の適用が認められている。通称「家なき子の特例」と呼ばれるもので、被相続人に配偶者や同居している相続人がおらず、取得する親族は、持ち家に住んではいないなどというケースに適用できる。ただ、この場合は、相続税の申告期限まで居住しなければならないという要件は付されていない。相続税の申告期限まで保有すれば十分とされる。もともと被相続人と別居の親族に対する特例なので当然といえば当然であるが、空き家化することについての配慮はされていないとの見方もできる。

○被相続人と生計を一にする被相続人の親族の居住の用に供されていた宅地等

　生計を一にするとは、必ずしも同居を要件とするものではない。また、被相続人が相続人を養うという方向だけではなく、逆もあり得る。

　被相続人と生計を一にする被相続人の親族の居住の用に供されていた宅地等についても配偶者が取得する場合は何らの要件も付されていない。また、その宅地等を生計を一にしていた親族が取得する場合においては、相続開始の直前から相続税の申告期限まで引き続きその家屋に居住し、かつ、その宅地等を申告期限まで保有していることが適用の条件となる。

なお、特定居住用宅地等は、平成26年1月1日以後の相続等については、二世帯住宅の要件の緩和があり、区分所有登記をしている建物を除き、構造上区分している住居であっても、一定の要件を満たすものである場合には、敷地全体に特例の適用が可能になった。

　なお、税制改正により、平成26年1月1日以後の相続等については、老人ホームに入居または入所していて相続開始の直前において、被相続人の居住の用に供されていなかった宅地等であっても、次の要件を満たす場合は、特例の対象になった。

　イ　要介護認定または要支援認定を受けていた被相続人が次の住居または施設に入居または入所していたこと。
　　・認知症対応型老人共同生活援助事業が行われる住居、養護老人ホーム、特別養護老人ホーム、軽費老人ホームまたは有料老人ホーム
　　・介護老人保健施設
　　・サービス付き高齢者向け住宅
　ロ　障害支援区分の認定を受けていた被相続人が障害者支援施設などに入所または入居していたこと

　ただし、この場合、被相続人の居住の用に供さなくなった後に事業の用、または被相続人と生計を一にしていた親族以外の者の居住の用に供しないことが条件となる。空き家にしないために、相続後に別生計の親族などが新たに入居すると、特例の適用ができなくなるという問題がある。

(4) 相続人不存在

①　相続財産管理人制度

　空き家が増える原因は、相続人が存在しないためであることも少なくない。

相続人として相続の権利が認められているのは、配偶者、子、父母・祖父母などの直系尊属、兄弟姉妹で、相続人となる順位が定められている。

　　第一順位　　　配偶者・子
　　第二順位　　　配偶者・直系尊属
　　第三順位　　　配偶者・兄弟姉妹

（注）子が被相続人より先に亡くなっている場合にはその子（被相続人の孫）が代襲相続人になり、以下同様に、その直系卑属が代襲相続人になる。兄弟姉妹が被相続人より先に亡くなっている場合には、その子一代のみが代襲相続人となる。

　配偶者も子もなく、直系尊属である父母や祖父母がすでに他界し、兄弟姉妹も兄弟姉妹の子もいない場合には、相続人が存在しないということになる。
　また、相続人全員が家庭裁判所に相続放棄を申述し認められた場合も相続人が不存在となる。相続放棄が受理されると、はじめから相続人にならなかったものとみなされるためである。
　相続人となるべき者が存在しない場合はもとより被相続人の財産の適切な管理は期待できないが、相続放棄の場合も、財産を放棄すると同時にその管理も放棄してしまうのが現状ではないだろうか。民法上は、相続を放棄した場合には次の相続人が管理を始めるまで、自己の財産における場合と同一の注意をもって、その財産の管理を継続しなければならないこととなっている（民法940条）が、現実には強制することは困難だろう。
　被相続人が死亡した時点において、相続人がいない場合、あるいは相続人がいることが明かでないときは、相続財産を法人とみなして、家庭裁判所が利害関係人または検察官の請求によって相続財産管理人を選任する手続きがある。相続財産管理人は、相続財産の管理や清算を行い、全部また

は一部を特別縁故者に分与した残余の相続財産を国庫に帰属させることとなる。

なお、財産分与を受けることができる特別縁故者とは民法958条の3①において、

・被相続人と生計を同じくしていた者
・被相続人の療養看護に努めた者
・その他被相続人と特別の縁故があった者

と定められている。

以上のように、相続財産管理人制度は、煩雑で長期にわたる手続きを要す上に、相続財産管理人の選任の申立て自体に予納金も必要となる。

このことから、相続人がいない場合、あらかじめ遺言を利用して受遺者を指定し、相続財産の行き先を確保しておくことが望ましい。

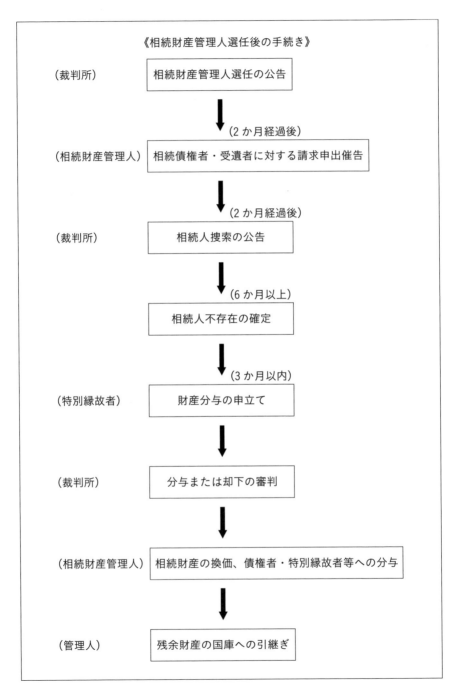

② 相続財産法人の納税義務
(イ) 固定資産税等

　固定資産税等は、賦課期日における所有者が納税義務者となる。所有者として登記または登録されている個人が賦課期日前に死亡しているときは、相続人が納税義務者となる。相続人が固定資産税の賦課期日までに相続放棄をしていない場合も、納税義務者となることには変わりないとされている。

　一方、賦課期日前に相続放棄がされ、相続人が不存在になった場合、相続財産法人が納税義務者となり、納税通知は相続財産管理人に送付されることとなる。

(ロ) 準確定申告

　被相続人の死亡した年分の所得税は、その相続人が相続の開始があったことを知った日の翌日から4か月を経過した日の前日までに申告書を提出しなければならない。これを準確定申告という。

　相続人不存在の場合は、国税通則法第5条の規定により納税義務を承継することとされている相続財産法人に対して、確定申告手続きをすることが合理的であるとされている。なお、この場合の申告期限は、相続財産管理人が確定した日の翌日から4か月を経過した日の前日である。

(ハ) 特別縁故者の納税義務

　特別縁故者が財産の分与を受けた場合、その財産は遺贈により取得したものとみなされ、財産分与を受けた時の価額で相続税の課税価格に算入される。また、特別縁故者は被相続人の一親等の血族等に該当しないため相続税額の2割加算の対象になる。なお、相続税の申告期限は、財産分与があったことを知った日の翌日から10か月以内である。

(5) 相続における登録免許税

登録免許税の概要は、「**6 既存住宅の取得 （2）既存住宅を取得したときの登録免許税**」（166ページ）を参照。

登録免許税は登記をしたことによって課税される税金であるが、登記自体は義務化されていない。登記はあくまで、対抗要件を備える公示制度で、公示するかどうかは所有者の自由とされるためである。

しかし、相続登記がされずに、また相続取得者が特定されないまま法定相続されることが繰り返されたような場合、空き家の所有者が数十人単位に広がり、改修するにも処分するにも合意ができず、結果放置されるという事態になることがある。

(6) 相続における不動産取得税

不動産取得税の概要は、「**6 既存住宅の取得 （3）既存住宅を取得したときの不動産取得税**」（170ページ）を参照。

不動産の交換、贈与も、取得の範囲に含まれるが、相続による取得には課税されない。相続には、包括遺贈および相続人に対する特定遺贈も含まれる。言い換えれば、相続人以外の者に対する特定遺贈については、不動産取得税が課税される。

また、死亡を原因として財産を移転することを約する死因贈与契約による財産の移転については不動産取得税が課税される。

3 空き家の処分（譲渡以外）

（1）空き家の減築における固定資産税等の取扱い

① 建物の延床面積を減らす場合

　固定資産税等は、敷地は地積を、建物は床面積を基準として、実際に土地や部屋を使用しているか否かにかかわらず課税される。固定資産税等を削減するためには、「減築」という方法がある。

　減築とは、①建物の延床面積を減らすこと（二階建てを平屋に建て替えることを含む）、②複数戸の住宅を1戸の住宅にリフォームやリノベーションすること、③建物を壊す（解体する）ことをいう（19ページ参照）。

　減築する場合、固定資産税等の住宅用地の軽減措置の特例（97ページ参照）の適用に注意しなければならない。この固定資産税等の住宅用地の軽減措置の特例は、住宅用地で200㎡以下の部分（小規模住宅用地）の課税標準を価格の6分の1、住宅用地で200㎡を超える部分の課税標準を価格の3分の1とするというものである。

　固定資産税等の住宅用地の軽減措置の特例の対象となる住宅用地は、住宅1戸について200㎡を超えている場合、住宅の床面積の10倍までの住宅の敷地とされている。したがって、減築しすぎて、住宅の床面積が住宅の敷地の10分の1以下となってしまうと、かえって、固定資産税等が増額することとなる場合があるので、注意が必要である。

　なお、「減築」により、建物を一部滅失し、建物の床面積を減らした場合、「建物の床面積の減少による表題部の変更」登記が必要となる。建物の床面積の減少は、変更のあった日から1か月以内に登記しなければならない。

② **複数個の住宅を1戸住宅にリフォームする場合やリノベーションする場合**

複数個の住宅を1戸住宅にリフォームする場合やリノベーションする場合に留意すべきは、固定資産税等の住宅用地の軽減措置の特例の適用である。

固定資産税等の住宅用地の軽減措置の特例は、住宅1戸ごとに行う。複数戸の住宅を1戸の住宅とした場合に、その敷地が200㎡を超えると、固定資産税等の小規模住宅用地の課税標準の6分の1の軽減措置の特例が適用できず、実質的に固定資産税等が増額となる場合がある。

③ **建物を壊す（解体する）場合**

(イ) 固定資産税等の小規模住宅の軽減措置の特例

空き家を除却してしまうと、住宅用地から非住宅用地（更地）となるため、固定資産税等の住宅用地の軽減措置の特例が適用されなくなり、固定資産税は最大6倍、都市計画税は3倍になる（商業地等の負担調整措置70％考慮後は、固定資産税4.2倍、都市計画税2.1倍）。

空き家を取り壊して更地にするというインセンティブは、固定資産税等の税負担の観点からは、働かないと言える。

(ロ) 不燃化特区内における老朽住宅除却後の土地に対する固定資産税等の減免特例（東京都）

「不燃化特区」とは、東京都におけるJR山手線外周部を中心とした木造住宅密集地域（木密地域）のうち指定された地域をいう。

老朽住宅を取り壊した場合、その敷地が小規模住宅用地から非住居用地に認定変更され、固定資産税等の小規模住宅用地の軽減措置の特例が適用されなくなる。しかし、「不燃化特区」の指定を受けた地域内において、老朽住宅の除却を行った場合、その敷地については固定資産税等の減免を受けられる特例が設けられている。取り壊した翌年度から最長5年度分、住宅を除却した後の土地にかかる固定資産税等の8割が減免

される。つまり、小規模住宅用地から非住宅用地に認定変更された面積に限られるものの、小規模住宅用地並みに固定資産税が軽減されることになる。

　この特例は、木密地域を燃え広がらない・燃えないまちにしていくために設けられた特例であり、空き家を取り壊して更地にするというインセンティブを与えているといえる。

　この減免の適用のための要件は、次の通り。

　イ　取り壊した住宅
　　（a）区から防災上危険な老朽建築物であると認定を受けていること
　　（b）不燃化特区指定日から平成32年12月31日までの間に取り壊されていること
　ロ　取り壊し後の土地
　　（a）住宅の取り壊しにより、土地の認定が小規模住宅用地から非住宅用地に変更されたこと
　　（b）防災上有効な空き地として、除却後の更地が適正に管理されていると区から証明されていること
　　（c）住宅を取り壊した年の1月1日時点の土地所有者が、減免を受けようとする年の1月1日時点において、引き続き所有していること

　固定資産税等の減免を受けるためには、まず、老朽住宅除却後の更地が適正に管理されていることを証する区の証明書を入手する。区の証明書は、毎年1月1日以降、次の書類を添えて、各区役所の担当窓口に申請する。

　a　証明の対象となる土地の所在を証する書類（前年度分の固定資産税等の課税明細書や登記事項証明書（土地）など）
　b　建物の除却年月日を証する書類（登記事項証明書（建物）または解体証明書など）

c　その他必要な書類

　区の証明書を入手後、毎年、固定資産税等の第一期分の納期限（通常６月30日）までに、「固定資産税減免申請書」を作成し、区の証明書を添付して、土地の所在する区にある都税事務所に申請する。

（ハ）不燃化特区内において不燃化のための建替えを行った住宅（家屋）に対する固定資産税等の減免特例（東京都）

　「不燃化特区」の指定を受けた地域内において、不燃化のための建替えを行った場合、その住宅（家屋）については、固定資産税等の減免を受けられる特例が設けられている。新たに課税される年度から５年度分、全額減免となる。

　この特例も、空き家を取り壊して新たに住宅を建て活用するというインセンティブを与えていると言える。

　この減免の適用のための要件は、次の通り。

　イ　取り壊した住宅
　　(a) 不燃化特区内に所在すること
　　(b) 家屋の構造が木造または軽量鉄骨造であること
　　(c) 不燃化特区指定日以降に取り壊されていること
　ロ　新築した住宅
　　(a) 不燃化特区内に所在すること
　　(b) 耐火建築物または準耐火建築物であること
　　(c) 不燃化特区指定日から平成32年12月31日までの間に新築されていること
　　(d) 住宅の居住部分の割合が２分の１以上であること
　　(e) 住宅（家屋）を新築した年の翌年の１月１日時点の家屋所有者が、建替え前の住宅（家屋）を取り壊した年の１月１日における家屋所有者と同一の者であること

　この特例も、「固定資産税減免申請書」を作成し、区の証明書を添付

して、新築された住宅の所在する区にある都税事務所に申請する。

(2) 空き家の除却における取壊し費用および資産損失の取扱い

① 空き家を除却等した場合の取壊し費用および資産損失

空き家の取壊しや除却等により、取壊し費用が生じるとともに、建物の簿価相当額の資産損失が生じることがある。これらの取壊し費用および資産損失の所得税法上の取扱いは、以下のとおりである。

(イ) 空き家が賃貸建物などの事業用資産であった場合

賃貸建物の取壊しや除却等により生じた取壊し費用については、その損失の生じた日の属する年分の不動産所得の金額の計算上、その貸付けの規模にかかわらず、不動産所得を生ずべき業務について生じた費用として、全額を必要経費に算入することができる。

資産損失については、不動産所得の計算上控除することができるが、控除しきれなかった資産損失が生じた場合に、その貸付けの規模が事業的規模か否かにより、控除しきれなかった資産損失の取扱いが異なる。

イ その貸付けの規模が事業的規模の場合

貸付けの規模が事業的規模（いわゆる5棟10室以上）の場合、不動産所得の計算上控除しきれなかった資産損失は、給与所得などの不動産所得以外の所得と損益通算することができる。また、損益通算を超えて損失が生じた場合には、青色申告であれば、その損失額を翌年以後3年間にわたって繰り越して、各年分の所得金額から控除できる（純損失の繰越控除）。

ロ その貸付けの規模が業務的規模の場合

貸付けの規模が業務的規模（事業と称するに至らない程度）の場合、資産損失のうち、その取り壊した年分の不動産所得（その資産損失を控除する前の金額）を限度として、必要経費に算入することができるのみで、不動産所得の計算上控除しきれなかった資産損失は、給与所

得などの不動産所得以外の所得と損益通算することはできない。

(ロ) 空き家が自宅や別荘などの家事用資産（自己または家族の生活を営むための資産）であった場合

　建物の取壊しや除却等は、税務上、家事用資産を任意に処分したものと考えられており、建物の取壊しや除却等により生じた取壊し費用や資産損失は、「家事費」もしくは「家事関連費」として、個人的な支出または損失とされるため、所得税の計算上、考慮されない。

　また、自宅の取壊しによる取壊し費用や資産損失は、新たに賃貸住宅（事業用資産）を建てたとしても、新たに建てた賃貸建物の取得費に算入することもできない。

② 土地などを売却するために空き家を除却等した場合の取壊し費用および除却損失

　土地などを売却するために、その上にある建物の取壊しや除却をしたときの取壊し費用と資産損失は、その土地の譲渡所得の計算上、土地を売却するために直接かかった費用に該当するため、譲渡費用として、必要経費とすることが認められている。

　一方、土地を売却する目途がない空き家を取り壊して更地にする場合には、そもそも土地の譲渡所得が生じないため、必要経費にする余地がない。

　このように土地を売却する目途がない空き家をわざわざ取り壊して更地にするインセンティブは、所得税の観点からは、働かないといえよう。

　なお、所得税法上、雑損控除の取扱いがあり、一定の金額の所得控除を受けることができる。しかし、雑損控除が受けられるのは、災害または盗難もしくは横領によって、資産について損害を受けた場合であって、建物を取り壊したときの取壊し費用や資産損失については、雑損控除を受けることはできない。

（3）空き家の贈与と贈与税の取扱い

① 贈与税の概要

一般的な贈与税の取扱いについて、概説する。

贈与税の課税方法には、「暦年課税」と「相続時精算課税」の2つがある。

（イ）暦年課税

個人が、1月1日から12月31日までの1年間に贈与を受けた財産の合計額から110万円（基礎控除額）を差し引いた残額に対して贈与税がかかる。1年間に贈与を受けた財産の合計額が基礎控除額の110万円以下であれば、贈与税はかからない。

贈与税額は原則として、基礎控除後の課税価格に「一般贈与財産」の場合は一般税率、「特例贈与財産」の場合は特例税率を乗じて算定した額から、速算表の控除額を控除して計算する。

「特例贈与財産」の特例税率は、直系尊属から、その年の1月1日において20歳以上の者への贈与財産に適用される。父母や祖父母から、20歳以上の子や孫に贈与する場合が、これに該当する。「特例贈与財産」は「一般贈与財産」より、一定額以上の贈与に対する税率が優遇されている。「一般贈与財産」の一般税率は、「特例贈与財産」以外の贈与に適用される。

贈与により「一般贈与財産」と「特例贈与財産」の両方を取得した場合には、すべての贈与財産の価額に「一般贈与財産」の一般税率を乗じて計算した額に、すべての贈与財産の価額に占める「一般贈与財産」の割合を乗じた額と、すべての贈与財産の価額に「特例贈与財産」の特例税率を乗じて計算した額に、すべての贈与財産の価額に占める「特例贈与財産」の特例税率を乗じた額の合計額が、贈与税額となる。

〈一般贈与財産または特例贈与財産のいずれかのみの財産を取得した場合〉

$$税額＝基礎控除後の課税価格×税率－控除額$$

〈贈与税の速算表〉

基礎控除後の課税価格	一般贈与財産		特例贈与財産	
	税率	控除額	税率	控除額
200万円以下	10%	−	10%	−
200万円超～300万円以下	15%	10万円	15%	10万円
300万円超～400万円以下	20%	25万円		
400万円超～600万円以下	30%	65万円	20%	30万円
600万円超～1,000万円以下	40%	125万円	30%	90万円
1,000万円超～1,500万円以下	45%	175万円	40%	190万円
1,500万円超～3,000万円以下	50%	250万円	45%	265万円
3,000万円超～4,500万円以下	55%	400万円	50%	415万円
4,500万円超			55%	640万円

〈一般贈与財産と特例贈与財産を取得した場合〉

税額＝①＋②

　①一般贈与財産に対応する金額：a×（A／C）

　②特例贈与財産に対応する金額：b×（B／C）

> A：一般贈与財産の価額
> B：特例贈与財産の価額
> C：合計贈与価額（A＋B）
> a：Cについて一般税率を適用して計算した金額
> b：Cについて特例税率を適用して計算した金額

(ロ) 相続時精算課税

　相続時精算課税は、受贈者の選択により、贈与者ごとに適用することができる。いったん選択すると、その後の贈与にはすべて相続時精算課税が適用され、暦年課税に戻ることはできない。相続時精算課税を選択するには、相続時精算課税選択届出書を贈与税の申告書と一緒に税務署に提出する。

　相続時精算課税は、選択した贈与者ごとに、その年の1月1日から12月31日までの1年間に贈与を受けた財産の合計額から特別控除額（限度額：2,500万円）を控除した残額に対して、贈与税がかかる。また、次年度以降は、2,500万円から既に特別控除の適用を受けた金額を控除した残額がその年の特別控除額の限度額となる。つまり、相続時精算課税とは、贈与時においては、特別控除額（限度額：2,500万円）までは非課税で、それを超える金額については、一律20％の税率で贈与税額を納税する制度である。

　相続時精算課税は、相続時においては、相続時精算課税を適用して贈与を受けた財産を持ち戻し、相続財産に加算したうえで相続税額を計算し、既に支払った贈与税額を控除して、最終的な納付税額を計算するいわば、贈与時概算払いの相続時精算払いという制度である。

　相続時精算課税の適用要件は、贈与者が贈与をした年の1月1日において60歳以上の者であり、受贈者は贈与を受けた時において贈与者の推定相続人または孫で、かつ、贈与を受けた年の1月1日において20歳以上の者であり、一定の年齢制限がある。

②　配偶者から居住用不動産（または居住用不動産の取得資金）の贈与を受けた場合の贈与税の配偶者控除

　婚姻期間が20年以上の夫婦間で、配偶者から居住用不動産または居住用不動産の取得資金の贈与を受けたときには、基礎控除（110万円）のほかに、2,000万円まで控除（配偶者控除）できるという特例が受けられる。つ

まり、2,110万円まで贈与税がかからない。

この特例を適用できる要件は、次の通り。

(イ)　婚姻期間が20年以上であること

(ロ)　贈与財産が自己の居住するための国内の居住用不動産（別荘等は適用なし）または居住用不動産の取得資金であること

(ハ)　贈与を受けた年の翌年3月15日までに、その居住用不動産に、受贈者が現実に居住しており、その後も引き続き居住する見込みであること

対象となる居住用不動産は、贈与者の居住用不動産に限定されていないし、贈与前にそこで居住しているかどうかも問われない。受贈者が贈与後にそこに居住するか否かが要件である。空き家について配偶者がそこに住む予定であれば、この特例を適用して空き家とその敷地を贈与してしまうという方法も考えらえる。

③　住宅取得資金の贈与を受けた場合の贈与税の特例

住宅取得資金の贈与の特例として、下記の特例がある。

(イ)　配偶者から住宅取得資金の贈与を受けた場合の配偶者控除（前述）

(ロ)　直系尊属から住宅取得資金の贈与を受けた場合の非課税の特例

(ハ)　特定の贈与者から住宅取得資金の贈与を受けた場合の相続時精算課税の特例

これらは、不動産の取得と紐付くことから、「**6 既存住宅の取得**」（166ページ）の項で取り上げるものとする。

(4) 空き家の寄附と所得税の取扱い

空き家の処分に困っており、どうしても用途がないのであれば、寄附により処分することも一考である。

寄附の相手先別の類型としては、①株式会社等の法人への寄附、②公益法人等への寄附、③国・地方自治体への寄附が挙げられる。

なお、個人への寄附は、税法上贈与に該当するため、既に述べた通りである。

①　株式会社等の法人への寄附
(イ) 寄附者の税務

個人が株式会社などの法人へ財産を寄附した場合、寄附者は、寄附した財産の時価相当額で法人へ譲渡したものとみなして、これらの財産の取得時から寄附時までの値上がり益に対し、所得税が課税される。税法では、個人の法人に対する寄附は、個人が法人にいったん売却して売却代金を取得し、この売却代金を法人に寄附したのと同じ経済的効果が生じるため、譲渡とみなすこととされている。

譲渡とみなされることから、寄附者には譲渡所得が生じることになるが、譲渡所得の課税関係は、「**4 空き家の譲渡**」(134ページ) の項で取り上げるものとする。

(ロ) 寄附を受けた法人の税務

法人が個人から財産の寄附を受けた場合には、寄附を受けた法人は、寄附を受けた財産の時価相当額の受贈益が生じ、これに対する法人税がかかる。

②　公益法人等への寄附

公益法人等への寄附で、その寄附が教育または科学の振興、文化の向上、社会福祉への貢献その他公益の増進に著しく寄与することなど一定の要件を満たすものとして、国税庁長官の承認を受けたときは、寄附者において、譲渡所得を非課税とする制度が設けられている（公益法人等に対して財産を寄附した場合の譲渡所得等の非課税）。

非課税の対象となる公益法人等とは、公益社団法人、公益財団法人、特定一般法人、社会福祉法人、学校法人、更生保護法人、宗教法人、特定非営利活動法人などをいう。

この対象には、自治会や町内会などの「地縁団体」も含むものとされて

いる。地縁団体とは、「その区域の住民相互の連絡、環境の整備、集会施設の維持管理等良好な地域社会の維持及び形成に資する地域的な共同活動を行うことを目的」とした団体であり、自治会や町内会がこれに該当する。一定の地域で集まっている団体であって、市町村長が認可をした団体を認可地縁団体といい、不動産の所有が認められている。

国税庁長官の承認を受けるためには、税務署等へ「租税特別措置法第40条の規定による承認申請書」を提出するなどの承認申請手続きが必要であり、手続きは煩雑といえる。

また、公益法人等に対し財産を寄附した場合には、特定寄附金に該当し、寄附者の確定申告において総所得金額から所得控除することができる。これを寄附金控除という。所得控除額は、特定寄附金の額と総所得金額等の40％相当額とのいずれか低い方の額から2千円を控除した額である。寄附金の額は、金銭以外の財産の場合には、その財産の取得費（相続した場合には引き継いだ取得費）と寄附に要した費用になる。取得費が不明の場合には、寄附した財産の価額（時価）の5％（概算取得費）と寄附に要した費用の合計額を寄附金の額としてもいいものと解される。

公益法人等のうち税額控除対象とされている公益法人等への寄附については、所得控除に代えて税額控除を受けることもできる。税額控除額は、寄附金の額（その年分の総所得金額等の40％相当額を限度とする。）から2千円を控除した額に40％を乗じた額（その年分の所得税額の25％相当額を限度とする。）である。

③　国・地方公共団体への寄附

国または地方公共団体に対し、財産の贈与または遺贈をした場合には、寄附者において、譲渡所得を非課税とする制度が設けられている（国または地方公共団体に対して財産を寄附した場合の譲渡所得等の非課税）。

また、この寄附についても、寄附金控除（所得控除）の対象となる。寄附金控除の取扱いは、「**②公益法人等への寄附**」で述べた通りである。

空き家の国・市区町村などの地方公共団体への寄附は、理論的には可能である。

　各地方公共団体において、「空き家等の適正管理に関する条例」などが定められており、地方公共団体によっては、条例に寄附の受入れを定めているところもある（野田市、佐賀市、東成瀬市など）。また、条例には定めていないものの、「危険空き家対策事業実施要綱」などを定め、寄附の受入れを事業として行っているところもある。

4 空き家の譲渡

(1) 不動産を譲渡したときの税金の概要

　土地や建物を譲渡したときは、給与所得などの他の所得と分離して、譲渡所得に税率を乗じて、税額を算出する。これは、空き家であるなしに関わらない。

　譲渡所得は、譲渡収入から取得費と譲渡費用を控除して算出する。さらに、自宅等の売却に該当するなど一定の場合は、特別控除の適用がある。

　取得費は、不動産の購入代金に購入時の仲介手数料等の付随費用を加えて、減価の額を控除した金額となる。取得費が不明なときは、譲渡収入の5％を取得費としてもよい。

　譲渡費用とは、不動産を譲渡するための仲介手数料、売買契約書に貼り付ける印紙代、その他譲渡に直接要する費用である。

> 譲渡収入 －（取得費＋譲渡費用）－ 特別控除 ＝ 譲渡所得

　所有期間に応じて、譲渡年の1月1日時点の所有期間が5年超なら長期譲渡所得、5年以下なら短期譲渡所得として、適用する税率が異なる。

　短期譲渡所得金額には所得税・復興特別所得税30.63％と住民税9％を乗じ、長期譲渡所得金額には、所得税・復興特別所得税15.315％と住民税5％を乗じて算出する。

```
短期譲渡所得金額×30.63% ＝ 所得税・復興特別所得税
短期譲渡所得金額× 9 % ＝ 住民税
長期譲渡所得金額×15.315% ＝ 所得税・復興特別所得税
長期譲渡所得金額× 5 % ＝ 住民税
```

（2）居住用財産を譲渡したときの3,000万円特別控除の特例

① 居住用財産の譲渡に係る3,000万円特別控除の特例の適用の可否

　自らの居住の用に供されていた不動産の譲渡で、所定の要件を満たすものであれば、譲渡直前に空き家であったとしても、3,000万円特別控除の特例を適用できる場合がある。居住の用に供さなくなってから3年を経過した年の12月31日までの譲渡であれば、居住用財産の譲渡に係る3,000万円特別控除の特例は適用になる。また、居住の用に供さなくなってから譲渡のときまで建物を他に貸し付けているような場合でも、適用される。

　一方、建物を取り壊した場合は、取り壊してから1年以内に土地を譲渡しないと、その土地の譲渡に際して特別控除の特例の適用はできない。1年以内に譲渡する場合でも、譲渡までに土地等を他に貸し付けるなど、他の用途に使用した場合には、3,000万円特別控除の特例は適用されない。

　なお、この特例は、3年に一度しか適用できない。例えば平成27年に居住用の不動産を譲渡し、3,000万円特別控除の特例の適用を受けた場合には、平成28年または平成29年の別の居住用財産の譲渡に本特例は適用されない。つまり、平成27年に居住用の不動産を譲渡し、3,000万円特別控除の特例の適用を受けた場合であれば、平成30年以後の譲渡でないと、本特例の適用はないということになる。

② 住宅ローン控除との関係

　居住用財産の譲渡に係る3,000万円特別控除の特例は、住宅ローン控除との重複適用について、一定の制限が設けられている。

　住宅ローン控除とは、個人が住宅ローンを利用して、居住用財産の新築、既存住宅の取得、増改築等をした場合に、その住宅ローンの年末残高に一定の率を乗じて算出した金額を、その年度の所得税額から控除することができるという特例である。

　居住の用に供した年、その前年、前々年に居住用財産の譲渡所得の3,000万円特別控除の特例の適用を受けていた場合は、住宅ローン控除を適用することはできない。例えば、同一年中に、従前の居住用財産（旧宅）の譲渡をして新たに居住用財産（新宅）を取得する場合、従前の居住用財産（旧宅）の譲渡に対して、3,000万円特別控除の特例の適用を受けた場合には、新たな居住用財産（新宅）の購入に対して、住宅ローン控除の適用はできない。居住の用に供した年だけではなく、控除可能期間の全期間にわたって住宅ローン控除を受けることができないため、3,000万円特別控除の特例と住宅ローン控除のいずれの選択が有利になるのか、慎重に判断する必要がある。

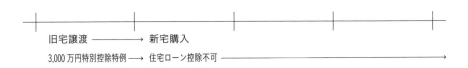

　また、居住した年の翌年、または翌々年に、住み替え前の居住用財産（旧宅）の譲渡に対して3,000万円特別控除の特例の適用を受けた場合、新たに取得した居住用財産（新宅）について住宅ローン控除は受けられない。従前の居住用財産（旧宅）を譲渡し、譲渡した居住用財産について3,000万円特別控除の特例の適用を受けるのが有利なときは、遡及して住宅ローン控除の修正申告が必要となる。この場合も、前述同様、居住の用

に供した年だけではなく、住宅ローン控除が可能な全期間にわたって控除を受けることができなくなる。

なお、居住した年の翌年または翌々年に譲渡して3,000万円特別控除の特例の適用を受ける場合に、住宅ローン控除を遡及して修正申告しなければならないこととなるのは、住宅ローン控除の対象となった居住用不動産以外の居住用財産（旧宅）を譲渡した場合である。住宅ローン控除の対象とされた居住用財産（新宅）を翌年または翌々年に譲渡して3,000万円特別控除の特例の適用を受けたとしても、前々年分と前年分の所得税について修正申告の必要はない。

※3,000万円特別控除の特例を適用するのが有利なら、前々年分および前年分に適用を受けた住宅ローン控除を遡及して修正する。

（3）居住用財産を譲渡したときの軽減税率の特例

居住用財産の譲渡で、譲渡年の1月1日時点の所有期間が10年超である場合は、6,000万円以下までの譲渡所得金額に対し適用する税率が、通常の長期譲渡所得金額の税率（所得税・復興特別所得税15.315％、住民税5％）よりも、軽減される（所得税・復興特別所得税10.21％、住民税4％）。

空き家が過去に居住の用に供されていたのであれば、空き屋になってか

ら3年を経過する年の12月31日までの譲渡であるなどの要件を満たすことでこの特例の適用もありうる。

なお、前述の3,000万円特別控除の特例の適用と、この軽減税率の特例は併用できる。

> ◇課税譲渡所得金額が6,000万円以下の部分
>   課税譲渡所得金額×10.21％＝所得税・復興特別所得税
>   課税譲渡所得金額× 4 ％＝住民税
> ◇課税譲渡所得金額が6,000万円超の部分
>   課税譲渡所得金額×15.315％＝所得税・復興特別所得税
>   課税譲渡所得金額× 5 ％＝住民税

（注）課税譲渡所得金額とは特別控除後の金額である。

（4）居住用財産を譲渡したときの譲渡損失の損益通算と繰越控除

居住用財産を譲渡した場合に、譲渡所得（利益）が生じる場合もあるが、譲渡損失が生じることもある。不動産の譲渡損失は、原則として給与所得などの他の所得と通算することはできない。

ただし、居住用財産を譲渡して譲渡損失が生じたときは、その損失を給与所得などの他の所得と損益通算ができ、通算しきれない損失があるときは、一定の要件を満たせば、翌年から3年間にわたって繰越控除ができる。

この特例には、①居住用財産を住宅ローン控除の対象となる借入れを行って買い換えた場合の特例と、②居住用財産を住宅ローン控除の対象となる借入れ残高を下回る価額で譲渡した場合の特例の二つがある。

空き家が過去に居住の用に供されていたのであれば、この特例の適用もありうる。いずれの特例も、譲渡時に空き家であっても、居住の用に供さなくなってから3年を経過した年の12月31日までの譲渡であること、建物

を取り壊してから1年以内に他の用途に転用しないで譲渡するなどの場合に、特例の適用がある。これは、前述**（2）居住用財産を譲渡したときの3,000万円特別控除の特例、（3）居住用財産を譲渡したときの軽減税率の特例**と同様の要件である。

①と②のそれぞれの概要は以下のとおりである。

① **居住用財産を住宅ローン控除の対象となる借入れを行って買い換えた場合の特例（居住用財産を買い換えた場合の譲渡損失の損益通算および繰越控除の特例）**

居住用財産を譲渡して譲渡損失があるときに、住宅ローンで居住用財産を購入した場合、つまり、買い換えた場合は、一定の要件を満たせば、その譲渡損失を給与所得などの他の所得と損益通算することができる。損益通算を行っても控除しきれなかった譲渡損失は、譲渡年の翌年以後3年間にわたり繰越控除ができる。

その他、主な要件としては、次のようなものがある。

（イ）　譲渡する居住用財産は、譲渡年の1月1日で所有期間が5年超であること。

（ロ）　譲渡の前年1月1日から譲渡の翌年12月31日までの間に、床面積50㎡以上の居住用家屋を取得すること。

（ハ）　買換資産を取得した翌年12月31日までに居住の用に供すること、または供する見込みであること。

（ニ）　買換資産を取得した年の12月31日において、買換資産に償還期間10年以上の住宅ローン残高を有すること。

② **居住用財産を住宅ローン控除の対象となる借入れ残高を下回る価額で譲渡した場合の特例（特定居住用財産の譲渡損失の損益通算および繰越控除の特例）**

住宅ローン控除の対象となるローン残高のあるマイホームを、住宅ローン残高を下回る価額で譲渡して譲渡損失が生じたときは、一定の要件を満

たせば、譲渡損失を給与所得などの他の所得と損益通算することができる。さらに損益通算を行っても控除しきれなかった譲渡損失は、譲渡年の翌年以後3年間にわたり繰越控除ができる。この特例は、前述の特例と異なり、新たな居住用財産を取得しなくても適用がある。

その他、主な要件としては、次のようなものがある。

（イ）　譲渡する居住用財産は、譲渡年の1月1日で所有期間が5年超であること。

（ロ）　居住用財産の譲渡契約日の前日に、償還期間10年以上の住宅ローンの残高があること。

（ハ）　居住用財産の譲渡価額が（ロ）の住宅ローンの残高を下回っていること。

③　①と②の主な相違点

項目	①居住用財産を買換えた場合の譲渡損失の損益通算及び繰越控除の特例	②特定居住用財産の譲渡損失の損益通算及び繰越控除の特例
譲渡資産の1月1日における所有期間	5年超	5年超
譲渡資産について譲渡契約日前日に住宅ローンが残っている	必要なし	必要あり
所得金額の要件（繰越控除の適用年分）	合計所得金額3,000万円以下	合計所得金額3,000万円以下
住替えの必要性	あり	なし
買換え資産に住宅ローンがある	必要あり	必要なし
譲渡損失の制限	制限はない（繰越控除は500㎡超の敷地に対応する部分が対象外）	「住宅ローン残高－譲渡価額」を限度

(5) 被相続人の居住用財産を譲渡したときの3,000万円特別控除の特例

① 特例の概要

　空き家が発生する主な要因として、1人暮らしの親が亡くなって、相続したものの、子供らが売却や修繕をしないまま放置してしまうことが考えられる。平成28年度税制改正において、被相続人が居住していた不動産（家屋およびその敷地）の譲渡を促進するための特例として、相続空き家の譲渡所得の3,000万円特別控除の特例が創設された。

　被相続人が居住の用に供していた家屋で、相続後空き家状態になっている不動産を、平成28年4月1から平成31年12月31日までの間に相続人が譲渡したときは、譲渡年分の譲渡所得から3,000万円の特別控除ができるという特例である。なお、遺贈や死因贈与によって取得した空き家の譲渡も特例の対象に含まれ、相続人のみに限定された特例ではない。

　この特例の適用のための主な要件は次の通りである。

（イ）　相続開始直前において被相続人が1人で住んでいたこと。

（ロ）　その家屋（マンション等の区分所有建物登記がされている建物を除く。）が昭和56年5月31日以前に建築されたこと。

（ハ）　相続開始時から譲渡の時まで、空き家状態であること（貸付用、事業用、居住用に供されていないこと）。

（ニ）　平成28年4月1から平成31年12月31日までの間に譲渡すること。

（ホ）　譲渡対価の額が1億円以下であること。

（ヘ）　相続開始時から3年を経過する年の12月31日までに譲渡すること。

（ト）　家屋を取り壊さずに譲渡するときは、その家屋が譲渡時に新耐震基準を満たすこと。

（チ）　被相続人の居住用家屋とその敷地の両方を取得した相続人等であること。

この被相続人の居住用財産の譲渡所得の3,000万円特別控除の特例には、被相続人居住用家屋等の確認書や、耐震基準適合証明書等が必要となる。

　被相続人居住用家屋等の確認書は、相続空き家の所在市町村に対し、相続開始時から譲渡時まで、事業用、貸付用、居住用に供されていないことを証明したうえで確認書等の交付を受ける必要がある。空き家を取り壊さないで譲渡する場合には、空き家状態を容易に認めることができるような書類（電気・ガスの閉栓証明書や水道の使用廃止届出書など）を、家屋の取壊し等の場合には、被相続人居住用家屋の敷地等の使用状況が分かる写真、固定資産台帳・固定資産税の課税明細書の写し、家屋の除却工事の請負契約書の写しなどの提出したうえで、交付を受ける必要がある。

　家屋を取り壊さずに譲渡する場合は、新耐震基準に適合している必要がある。新耐震基準とは、昭和56年6月1日以後の耐震基準をいう。基準に適合していないときでも、譲渡までに改修を行い基準に適合すればよい。家屋を取り壊さずに譲渡するときには、耐震基準適合証明書等として、被相続人居住用家屋の耐震基準適合証明書または建設住宅性能評価書の写しが必要となる。

4 空き家の譲渡

〈被相続人居住用家屋等確認書を交付するために必要な書類〉

被相続人居住用家屋等確認書は、(1)又は(2)に掲げる事項について以下の書類を提出し、被相続人居住用家屋の所在市区町村にて確認・交付を受ける。

書類（申請者が用意し、市区町村に提出）	（1）相続した家屋又は家屋及び敷地等の譲渡	（2）相続した家屋の取壊し等後の敷地等の譲渡
①相続開始直前に被相続人が1人で居住していることを確認する書類	・被相続人の除票住民票の写し ・譲渡、取壊し時の相続人等の住民票の写し	
②家屋又は家屋及びその敷地等が相続から譲渡・取壊しの時まで事業の用、貸付けの用又は居住の用に供されていたことがないこと。	・家屋又はその敷地等の売買契約書の写し等	・被相続人居住用家屋の取壊し、除却又は滅失後の敷地等の売買契約書の写し等 ・被相続人居住用家屋の除却工事に係る請負契約書の写し
	以下のいずれか ・電気若しくはガスの閉栓証明書又は水道の使用廃止届出書 ・当該家屋の媒介契約を締結した宅地建物取引業者が、当該家屋の現況が空き家であることその他、除却又は取壊しの予定があることを表示して広告していることを証する書面の写し ・当該家屋又はその敷地等が「相続の時から譲渡の時まで事業の用、貸付けの用又は居住の用に供されていたことがないこと」の要件を満たしていることを所在市区町村が容易に認めることができるような書類	
③当該家屋の敷地等が取壊し、除却又は滅失の時から譲渡の時まで建物又は構築物の敷地の用に供されていたことがないこと。		・家屋の取壊し等の時から譲渡の時までの被相続人居住用家屋の敷地等の使用状況が分かる写真 ・家屋の取壊し等の時から取壊し等後の敷地等の譲渡の時までの間の敷地等における相続人の固定資産課税台帳・固定資産税の課税明細書の写し ・家屋の除却工事に係る請負契約書の写し〔再掲〕

② 相続財産の取得費加算譲渡特例との選択

相続財産を相続税の申告期限の翌日から3年を経過するときまでに譲渡した場合に、相続税額のうちその譲渡した相続財産に相当する部分の金額を譲渡資産の取得費に加算して、譲渡所得から控除できるという特例がある。これを、相続税の取得費加算の特例という。

被相続人の居住用財産の譲渡所得の3,000万円特別控除の特例は、この相続税の取得費加算の特例とのいずれかの選択適用となる。

なお、自宅空き家の譲渡について、**(2)居住用財産を譲渡したときの3,000万円特別控除の特例**は、相続税の取得費加算の特例と重複適用ができる。

③ **自己の居住用財産の3,000万円特別控除の特例との重複適用**

被相続人の居住用財産の特例対象となる譲渡と、自己の居住用財産の譲渡とを行った場合でも、**(2)の居住用財産を譲渡したときの3,000万円特別控除の特例**と被相続人の居住用財産の譲渡所得の3,000円特別控除の特例とは、重複して適用できる。

ただし、同一年にそれぞれの特例対象となる譲渡を行ったとしても、重複適用はできるが、特別控除の限度額は合わせて3,000万円である。この場合の3,000万円特別控除の控除順序は、いずれから適用しても構わない。軽減税率の適用などに留意して、有利な控除順序を選択することになる。

居住用財産の買換え特例は、自己の居住用財産の譲渡所得の3,000万円特別控除の特例との重複適用はできないが、被相続人の居住用財産の譲渡所得の3,000円控除の特例と重複して適用できる。

④ **相続人が譲渡する被相続人の居住用財産の隣接事例**

甲と妻乙は、甲所有の自宅Aに居住していた。甲は新たに自宅Bを取得し、自宅A（旧居）から自宅B（新居）に甲と乙は転居した。甲は、自宅Aを譲渡する予定でいたが譲渡前に亡くなった。甲が所有していた自宅A・Bともに妻乙が相続したが、自宅A（旧居）は空き家のまま、乙が譲

渡した。このときの譲渡における税務上の取扱いを検討してみたい。

乙は、自宅A（旧居）に居住はしていたが所有はしていなかった。所有者として居住したことがないため、自宅A（旧居）の譲渡について、自宅空き家として、自己の居住用財産の譲渡所得の3,000万円特別控除の特例の適用がない。

また、自宅A（旧居）は相続直前に甲が1人で居住していたのではないため、被相続人の居住用財産の譲渡所得の3,000万円特別控除の特例の適用もない。

なお、甲の相続により相続税の納税が生じる場合には、②**相続財産の取得費加算譲渡特例**の適用はできる。

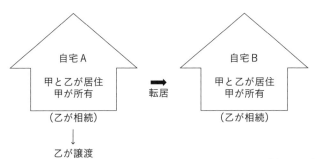

⑤ 老人ホームに入居の場合

被相続人が相続開始前に老人ホームに入居していた場合は、被相続人の居住用財産の譲渡取得の3,000万円特別控除の特例の要件の一つである「相続開始の直前まで、その被相続人が居住の用に供していた家屋」に該当せず、特例は適用できない。なお、相続税における小規模宅地等の特例では、相続開始前に老人ホームに入居していても、一定の要件を満たせば特定居住用宅地等に該当し、減額特例が適用できる。それぞれの要件の違いに留意が必要となる。

⑥　貸付の範囲

相続空き家の特別控除の特例は、相続時から譲渡時までの貸付けがなされた場合には適用がないが、無償で貸し付けられていても「貸付け」に含まれ、この特別控除の特例の適用ができないので留意が必要となる。

⑦　譲渡対価1億円以下の留意事項

相続空き家の特別控除の特例は、譲渡対価の額が1億円以下であることが要件となっているが、相続人が複数で分割や共有取得し、この特別控除の特例対象譲渡をそれぞれが行う場合でも、譲渡対価は合計して1億円以下である必要がある。譲渡対価1億円の判定は、特例対象譲渡をした日の3年後の年の12月31日までの譲渡が該当する。相続人の一方が先に特例対象譲渡を行った場合には、他の相続人へ譲渡日、譲渡対価等の通知が必要となる。

（6）不動産を譲渡したときの印紙税

契約書や領収書など、印紙税法で定められた課税文書を作成したときは、印紙税を納付する必要がある。不動産の譲渡に際して売買契約書を作成したときも、契約当事者が事業者以外の個人間でも該当する。譲渡する不動産の用途や使用方法によって、印紙税の額が異なるわけではない。空き家を譲渡して売買契約書を締結したとしても、貼り付ける印紙の額には影響がない。

具体的な印紙税の納付方法は、課税文書に印紙を貼って消印をすることで足りる。

不動産の売買契約書を複数作成したときは、作成部数のすべてに、印紙が必要となる。一般的には、売り主と買い主の双方が印紙に契約印を捺印する方法で消印が行われている。

また、不動産売買契約書の1部は当事者が押印して、他方はコピーしたものを所持する契約も少なくないが、コピーには印紙は必要ない。ただ

し、コピーに、契約当事者の双方または文書の所持者以外の一方の署名または押印があるものや、正本などと相違ないことなどの契約当事者の証明のあるものは、印紙が必要となるので留意したい。

なお、印紙税は不動産の売買契約書の記載金額に応じて課税される。不動産の売買契約書の記載金額は、消費税額等を区分して記載している場合や消費税額等が明らかである場合には、記載金額に消費税額等を含めないこととされている。

〈不動産の譲渡契約書に関わる印紙税一覧（平成30年3月31日まで）〉

文書の種類 （物件名）	記載された契約金額	印紙税額 （1通につき）
不動産の譲渡に関する契約書	1万円以上50万円以下のもの	200円
	50万円を超え100万円以下のもの	500円
	100万円を超え500万円以下のもの	1千円
	500万円を超え1千万円以下のもの	5千円
	1千万円を超え5千万円以下のもの	1万円
	5千万円を超え1億円以下のもの	3万円
	1億円を超え5億円以下のもの	6万円
	5億円を超え10億円以下のもの	16万円
	10億円を超え50億円以下のもの	32万円
	50億円を超えるもの	48万円

（注）契約金額の記載のないものの印紙税額は、200円となる。

(7) 空き家に関する補助金等と譲渡所得の取扱い

① 補助金等を受けた場合の概要

空き家対策を促進するため、自治体によっては、空き家の取得、改修・リフォーム、除却・解体その他、様々な補助金等の給付が施策されてい

る。

　空き家の取得、改修・リフォーム、除却・解体等に係る補助金等は、原則として、個人が受け取る場合には所得税における一時所得に該当すると考えられる。一時所得の課税対象は、補助金の受取り金額から特別控除50万円を控除した額の2分の1である。補助金が50万円以下であれば、他に一時所得がなければ、課税は生じない。補助金額の給付水準や他に一時所得がある場合などは、課税が生じることも想定される。

　国または地方公共団体から空き家に関する行政目的遂行のために、空き家の取得、改修・リフォームなどの費用のための補助金が給付された場合は、申告を要件に、「国庫補助金等の総収入金額不算入」の規定が適用できる。

　また、国等から必要な資産の移転、移築、除却などの費用のために補助金等が給付された場合は、「移転等の支出に充てるための交付金の総収入金額不算入」の規定の対象となり、申告不要となる。

　なお、近年導入された「すまい給付金」や「住まいの復興給付金」は、国から直接交付されるものではなく基金を通じて交付されるものだが、国の補助金を財源としていること、および交付決定に基金の裁量が入らないことなどの理由から、「国庫補助金等」に該当するため、上記と同じ取扱いと考えればよい。

② **補助金の総収入金額不算入の規定の適用を受けた空き家や土地を譲渡した場合の課税上の取扱い**

　空き家を取得、改修・リフォーム、除却・解体したことに対する補助金について、国庫補助金等または移転等の支出に充てるための交付金の総収入金額不算入の規定の適用を受け、その後、空き家や土地を譲渡した場合、譲渡所得の計算上、取得費または譲渡費用から補助金相当額を控除しなければならない。総収入金額不算入の適用をしたかどうかによって、所得の計算が異なる場合があるので注意したい。

（イ）空き家を取得または、改修・リフォームして譲渡する場合

　空き家の取得や改修・リフォームに関する支出は、一般的に譲渡所得の計算上、空き家の取得費に含まれる。

　空き家の取得や改修・リフォームに伴い補助金を受け、「国庫補助金等の総収入金額不算入」の適用を受けた場合、補助金を控除した金額で空き家を取得または改良したものとみなされるため、譲渡所得の計算上、空き家の取得価額や回収・リフォーム代金である取得費から補助金を控除する必要がある。

　一方、申告せずにあえて同規定の適用を受けなかった、あるいは、空き家の取得または改修・リフォームに伴う補助金が一時所得の特別控除の最高額50万円の範囲に収まり同規定の適用を受ける必要がなかった場合などは、譲渡所得の計算上、空き家の取得費から補助金を控除する必要はない。

（ロ）空き家を除却・解体して土地を譲渡する場合

　空き家を除却・解体して土地のみを譲渡した場合、空き家の除却・解体費用は、それが土地の譲渡のための除却・解体なら、原則として土地の譲渡所得の計算上、譲渡費用に該当する。

　空き家の除却・解体に伴い補助金を受けて、交付目的に従って空き家の除却・解体費用に充当した場合には、その充当した金額は、一時所得の総収入金額に不算入の適用がある一方、譲渡費用となる除却・解体費用から、交付を受けた補助金を控除する必要がある。ただし、交付目的に従って空き家の除却・解体費用に充てた金額であっても、一時所得の総収入金額不算入の規定は適用させず、あえて一時所得として申告することも選択できる。この場合、受け取った補助金等は、一時所得の総収入金額となるが特別控除の最高額である50万円の範囲内なら、課税対象とならない。譲渡費用である除却・解体費用は、受け取った補助金等を控除せず、その全額を譲渡費用として取り扱うことになる。

(ハ) 空き家を除却・解体して新たに建てた住宅を譲渡する場合

　土地とともに空き家を取得し、空き家を除却・解体してから住宅を建てることがある。取得からおおむね1年以内に解体に着手等していれば、その解体費用は、土地の取得費に含まれる。

　空き家の解体に伴い補助金を受けている場合、土地の取得費については譲渡費用のように補助金額を総収入金額に算入し譲渡費用からは差し引かないという取扱いはできない。つまり、補助金が一時所得の50万円の特別控除枠内だったとしても、補助金が総収入金額不算入となり、補助金を土地の取得費から控除することになる。

(8) 自宅を譲渡したときの消費税

　消費税等（地方消費税を含む）は、国内において「事業者が事業として対価を得て行う資産の譲渡等」が課税の対象となる。つまり、課税事業者の資産の譲渡に課税される。賃貸用・店舗用の建物の譲渡は、事業者が事業として行う資産の譲渡等であり、消費税の課税対象となる。個人が事業を行っているかどうかにかかわらず、自宅を譲渡しても消費税等は課税対象とならない。さらに、事業を行っている個人でも、前々年分の課税売上が1,000万円以下である等の場合には、消費税の納税義務が免除される。消費税の免税事業者が課税対象となる資産の譲渡等をしても、消費税等の納税義務者には該当しないため、結果的に納税が生じないこととなる。

　また、土地などの譲渡は、個人が事業等を行っていても消費税の非課税取引とされているため、課税対象とはならない。

不動産譲渡の種類	消費税等の課税事業者	消費税等の免税事業者
賃貸用・店舗用の建物の譲渡	○	×
自宅を譲渡	×	
土地などの譲渡	×	

○は課税取引、×は対象外・非課税

5 空き家の活用（賃貸）

(1) 空き家の貸付け

① 空き家の賃貸（一般）
(イ) 空き家の貸付けによる収入

空き家を活用するために、賃貸するという方法がある。

空き家を賃貸に出せば、当然、家賃などの不動産収入が生じる。家賃などの不動産収入から必要経費を差し引いて所得が生じた場合は、所得税・住民税が課税される。

個人の所得税は、所得の種類によって課税方法が異なる。

税務上は、家賃などの不動産収入が所得税における「不動産所得」「事業所得」「雑所得」のいずれの所得区分に該当するのかを判定する必要がある。

土地や建物などの不動産の貸付けによる所得は、一般的に、「不動産所得」という種類に分類される。

不動産の貸付けによる不動産所得は、次の計算により算出する。

$$不動産所得 = 総収入金額 - 必要経費$$

総収入金額には、主に家賃、共益費、権利金、礼金、更新料などがある。

必要経費には、固定資産税、都市計画税、事業税、火災保険料、修繕費、減価償却費、借入金利子、地代、募集広告等の広告費などがある。

〈所得の違いによる取扱いの相違点概要〉

区分		事業所得 不動産所得 （事業的規模）	不動産所得 （事業的規模以外）	雑所得
①	事業専従者給与（控除）	適用あり	適用なし	適用なし
②	資産損失	全額必要経費算入	所得金額を限度として必要経費算入	所得金額を限度として必要経費算入
③	貸倒損失	貸倒年分に必要経費算入	貸倒年分に必要経費算入	その債権の発生年分に遡及してないものとする
④	損失の場合の他の所得との損益通算	適用あり	適用あり	適用なし
⑤	純損失の繰越控除・青色申告特別控除	青色申告であれば適用あり	青色申告であれば適用あり	適用なし
⑥	被災事業用資産の損失	適用あり	適用なし	適用なし

（ロ）不動産所得における事業的規模の判定

　不動産所得は、その不動産貸付けが事業として行われているかどうかによって、所得金額を計算するうえで取扱いが異なる場合がある。建物を貸し付ける場合の事業的規模の判定は、所得税の基本通達において、以下のように取り扱われている。

建物	貸間、アパート等は、独立した室数がおおむね10室以上
	独立家屋の貸付けは、おおむね5棟以上

　なお、土地を貸し付ける場合の事業的規模の判定は、所得税の基本通達において取り扱いがない。社会通念上、事業的規模で行われているかなどを判定するが、判定は困難な場合が少なくない。一般的には、建物

を貸し付ける場合を参考にして、土地の貸付け件数が、おおむね5件当たり貸室1室として、事業的規模を判定している。

(ハ) 賃貸に係る事業税

個人で行う不動産賃貸に係る所得が、地方税法等で定める不動産貸付業とみなされる場合には、個人事業税の課税対象となる。不動産貸付業の認定基準は、おおむね以下の通りである。

〈不動産貸付業の認定基準・東京都の例〉

種類・用途等			不動産貸付業の規模等（空室などを含む）
不動産貸付業	建物	住宅 ①一戸建	棟数が10以上
		住宅 ①一戸建以外	室数が10以上
		住宅以外 ③独立家屋	棟数が5以上
		住宅以外 ④独立家屋以外	室数が10以上
	土地	⑤住宅用	契約件数が10以上または貸付面積が2,000㎡以上
		⑥住宅用以外	契約件数が10以上
	⑦上記①〜⑥の貸付用不動産を複数種類保有している場合		①〜⑥の総合計が10以上

ちなみに個人事業税では、不動産貸付業とは別に駐車場業が定められており、構築物・機械式等である駐車場は1台以上、それ以外の駐車場は、駐車可能台数が10台以上なら、駐車場業として個人事業税の課税対象となる。

上記の通り、個人事業税の不動産貸付業の規模等の判定と、所得税における不動産所得の事業的規模の判定は一部異なる基準が採られている。

各都道府県では、原則として、所得税の確定申告書に記載される「不

動産所得の収入の内訳」等により個人事業税の課税対象かどうかを判断している。

なお、個人事業税の課税対象となった場合、個人事業税の課税標準の算定上は、不動産所得から事業主控除として年額290万円が控除される。

② 空き家の民泊活用

(イ) 民泊普及気運の背景と税務

インバウンドによる外国人旅行者等の増加や、2020年東京オリンピック開催による需要拡大を見込んで、自宅等に宿泊させる「民泊」が話題になることも少なくない。

「民泊」は自宅等を使って、外国人旅行者等に宿泊サービスを提供するものであるが、本来は、民泊を行うには旅館業法による許可を得るか、東京都大田区などの国家戦略特区に基づく民泊条例による認定を受ける必要がある。更なる宿泊施設不足の対応策として、既存の旅館業法とは別の枠組みとなる規制改革実施計画が平成28年6月に閣議決定された。この民泊新法が施行されれば、「民泊」は「旅館業法」、「民泊条例」、「民泊新法」に基づく営業形態が併存することになる。

民泊は個人の空き家・空き部屋を比較的手軽に利用できるものと期待されているが、個人が空き家を民泊で貸し出す場合は、適用業法の種類や、民泊として貸し付ける形態や規模などによって、所得区分や税務上の取扱いが異なる場合があるため留意が必要である。

(ロ) 民泊所得区分の考察

旅館業法第2条第1項に規定する旅館業とは、ホテル営業、旅館営業、簡易宿泊所営業、下宿営業（宿泊期間の単位を1か月以上として宿泊料を定めて宿泊させる営業で、学生等に部屋を提供する下宿は含まれない。）をいい、次の2つの要件を満たすものをいう。

①施設の管理・運営形態を総合的にみて、宿泊者のいる部屋を含め施設の衛生上の維持管理責任が営業者にあると社会通念上認められる

こと。

②施設を利用する宿泊者がその宿泊する部屋に生活の本拠を有しないことを原則として、営業しているものであること。

厚生労働省ホームページ（http://www.mlit.go.jp/common/001113521.pdf）では、旅館業法の適用判断について、①宿泊料（有償性）の徴収、②社会性（不特定の者に対する行為）の有無、③継続反復性の有無、④生活の本拠か否かの、4項目を踏まえた判断であるとされている。

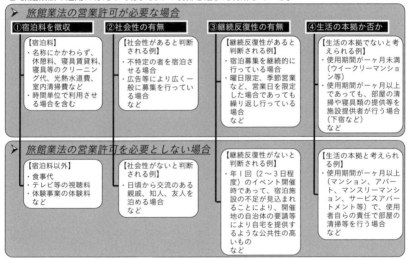

税務上は、「民泊」による所得が、所得税における「不動産所得」「事業所得」「雑所得」のいずれの所得区分に該当するのかを判定する必要がある。所得税の基本通達26－4ではアパート、下宿等の所得の区分において、食事を供さない所得は「不動産所得」、食事を供する所得は

「事業所得」または「雑所得」と規定されている。

　厚生労働省による旅館業法の判断要素④生活の本拠か否か、で考えた場合、生活の本拠と考えられる例なら、使用期間が１か月以上でもあり、使用者自らの責任で部屋の清掃等を行う場合であるから、税務上は「不動産所得」とするのが妥当と考える。

　次に、生活の本拠ではなく、旅館業法の適用判断として旅館業法の営業許可が必要な場合なら、一般的には「事業所得」と考えられる。食事等の提供を行っていなくても、厚生労働省による旅館業法の判断要素①宿泊料（有償性）の徴収に記載されているような、休憩料、寝具賃貸料、寝具等のクリーニング代、光熱水道費、室内清掃費などを実態的に徴収している場合や、時間単位で利用させる場合などは、不動産等の使用のほかに食事以外の役務が提供されているものとして、旅館業として「事業所得」とすべきと考える。

　「事業所得」と「雑所得」の区分の判断は、明確な取り決めがあるわけではなく、総合的に判断することになるが、基本は「自己の計算と危険において利益を得ることを目的として継続的に行う経済活動」の適否が必要となる。次に該当するような「民泊」の所得は、旅館業法の営業許可が必要な場合に該当しても「事業所得」ではなく、「雑所得」という判断もあるものと思われる。

・損失が継続しているような状況で他に経常的な所得がある場合
・自宅の一部を利用して小規模に行っている場合

(ハ) 住宅ローン控除と民泊

　自宅を民泊として貸し出す場合、住宅ローン控除の適用などにも注意が必要と思われる。民泊としての貸出しについて、自宅の大部分を長期間にわたって提供する場合、住宅ローン控除の適用要件の一つである「各年の年末まで引き続き居住」したことにならず、住宅ローン控除が適用できなくなる懸念がある。また、自宅部分とは明らかに区分した部

屋や間取りなどを提供したりした場合に、民泊部分は居住用部分に該当せず、住宅ローン控除の一部または全額が控除できないなどの懸念もある。

(2) 減価償却と耐用年数

① 概要

不動産所得の計算において、必要経費のほとんどを占めるのが減価償却費である。

賃貸用建物、建物附属設備、機械及び装置、器具備品、車両運搬具などの資産は、一般的には時の経過等によってその価値が減少する減価償却資産をいう。

減価償却資産の取得価額は、取得時に全額必要経費になるのではなく、資産の使用可能期間にわたり分割して必要経費としていくべきものである。この使用可能期間に当たるものとして法定耐用年数が定められている。減価償却とは、減価償却資産の取得価額を一定の方法によって各年分の必要経費として配分していく手続きである。

減価償却の方法には、大まかに定額法と定率法がある。

定額法は、取得価額を耐用年数の期間に均等に償却する方法であり、毎年の償却額は同額となる。

定率法は、各年分の期首の簿価に一定率を乗じる方法であり、取得当初の償却額が大きく、年々償却額は逓減することとなる。

〈取得年次ごとの償却方法〉

	~H10.3.31	H10.4.1~H19.3.31	H19.4.1~H24.3.31	H24.4.1~H28.3.31	H28.4.1~
建物	旧定額法または旧定率法	旧定額法	定額法	定額法	定額法
建物附属設備	旧定額法または旧定率法	旧定額法または旧定率法	定額法または250％定率法	定額法または200％定率法	定額法
構築物	旧定額法または旧定率法	旧定額法または旧定率法	定額法または250％定率法	定額法または200％定率法	定額法
機械及び装置	旧定額法または旧定率法	旧定額法または旧定率法	定額法または250％定率法	定額法または200％定率法	定額法または200％定率法
船舶	旧定額法または旧定率法	旧定額法または旧定率法	定額法または250％定率法	定額法または200％定率法	定額法または200％定率法
航空機	旧定額法または旧定率法	旧定額法または旧定率法	定額法または250％定率法	定額法または200％定率法	定額法または200％定率法
車両運搬具	旧定額法または旧定率法	旧定額法または旧定率法	定額法または250％定率法	定額法または200％定率法	定額法または200％定率法
器具備品	旧定額法または旧定率法	旧定額法または旧定率法	定額法または250％定率法	定額法または200％定率法	定額法または200％定率法
無形減価償却資産	旧定額法	旧定額法	定額法	定額法	定額法

　所得税における償却方法は、旧定額法または定額法が法定の償却方法となる。償却方法は、減価償却資産の種類ごとに選定できるが、償却方法の選定には制限がある。例えば、平成10年4月1日以後に取得した建物の償却方法は、旧定額法または定額法のみとなり、平成28年4月1日以後に取得した建物附属設備および構築物の償却方法は、定額法のみとなる。

② **年の中途から賃貸を開始した場合や建物の一部を賃貸している場合**

　空き家を年の中途から賃貸開始するような場合は、年間の減価償却費を使用月数に応じ月数按分した額が必要経費となる。また、建物の一部を賃貸している場合には、面積等で算定した貸付割合・事業割合を乗じることとなる。

③ **相続した減価償却資産**

　相続した減価償却資産は、被相続人の取得価額や簿価を引き継ぐこととなる。ただし、相続によって取得した減価償却資産について適用する償却方法は、引き継がない。つまり、適用する償却方法は、被相続人が取得し

た年月日で判断するのではなく、相続開始年月日で判断する。例えば、被相続人が昭和の時代に他人から賃貸建物を購入し、平成29年に被相続人が死亡して相続取得したとすれば、相続人は平成29年に取得したものとして償却方法を適用する必要がある。被相続人が定率法を選択していたとしても、相続人は定額法しか採用できないこととなる。

なお、相続取得した建物等は中古資産ではあるが、見積りによる中古資産の耐用年数の適用はできない。被相続人が適用していた耐用年数を引き継ぐこととなる。

(3) 負債利子の控除

借入れで取得した不動産を賃貸するような場合、その土地等の取得に要した借入金等の支払利子は、不動産所得の計算上必要経費になる。ただし、不動産所得の金額が損失（赤字）となった場合には、借入金等の支払利子のうち、土地等の取得価額に相当する部分の損失の額は生じなかったものとみなされ、他の所得金額との損益通算はできない。

その土地等の取得に要した借入金等の利子を必要経費として計上しても、不動産所得が損失（赤字）にならなかった場合は、そもそも他の所得との損益通算がないため、なかったものとみなされる部分はない。

バブル時に不動産投機が流行した一因として、投資目的で行う賃貸不動産の取得は借入金等で行い、借入利子等を必要経費にして税率が高い給与等と損益通算するような手法が行われた。この手法に対する規制のために、土地の借入利子に相当する部分の赤字は給与所得等と通算できないように改正された制度が、バブル崩壊後も存している。

(4) 消費税

① 概要

消費税の課税対象は、国内において事業者が事業として対価を得て行う

資産の譲渡、貸付けおよび役務の提供である。この場合の「事業者」とは、個人事業者と法人をいい、「事業」とは、「同種の行為を反復、継続、独立して行うこと」をいう。したがって、例えば、給与所得者が賃貸する建物の部屋が少ない場合や民泊の貸出しが軽微な場合で、所得税において不動産所得や雑所得とされていても、部屋を貸す行為を反復、継続、独立して行っている場合には、消費税では事業と判定されて事業者となる。課税事業者であれば、空き家を事務所などの用途として貸し付けた場合に、消費税が課税対象となる。消費税等の税率は、10％（消費税7.8％、地方消費税2.2％）への税率引上げ時期が平成31年10月１日まで先送りされ、現在は８％（消費税6.3％、地方消費税1.7％）である。

② **消費税の課税対象と納税義務者**

空き家を１か月以上住宅として貸し付けた場合の賃料は、消費税の非課税取引であるが、貸し付けていた建物を譲渡した場合の譲渡収入は、たとえその貸付けが住宅用だとしても課税取引となる。

民泊が住宅貸付として非課税取引となる場合は、前記「**(１)** ② **(ロ)民泊所得区分の考察**」で、不動産所得に該当する場合、つまり、生活の本拠として使用期間が１か月以上の場合と同様であろう。

ところで、消費税の事業者がすべて、消費税の納税義務者に該当するわけではない。前々年分（基準期間）の課税対象となる収入（課税売上高）が1,000万円以下であれば、原則として免税事業者に該当するが、特定期間という、前年１月から６月までの期間の課税売上高が1,000万円を超えた場合には、課税事業者となる。特定期間の課税売上高が1,000万円を超えるかどうかの判定は、課税売上高に代えて、特定期間中の支払給与等の金額により判定することもできる。特定期間の課税売上高が1,000万円を超えても、支払給与等の額が1,000万円を超えていなければ、支払給与等の額により免税事業者と判定することができる。免税事業者の場合は、消費税等を納める必要はない。

〈消費税課税判定の簡易フローチャート〉

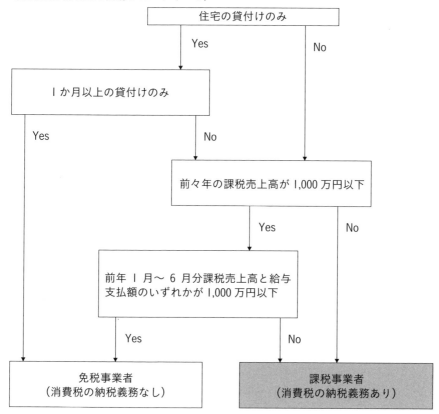

③ 消費税の計算方法

　課税事業者が申告すべき消費税等は、原則として、課税期間の課税売上に係る消費税等から課税仕入れに係る消費税等を差し引き計算される。課税期間は、原則として、個人の場合は1月1日から12月31日までの1年間である。課税売上に係る消費税等から課税仕入れに係る消費税等を差し引いた額がプラスであれば納付、マイナスであれば還付となる。一般的に、原則課税と言われる計算方法である。

④ 簡易課税制度

　消費税の申告は、集計や計算に手数を要する。個人が不動産の賃貸を

行って課税事業者となっている場合、基準期間である前々年の課税売上高が5,000万円以下であれば、事前に届出書の提出を行うことで、課税売上高に係る消費税に一定率を乗じて納付額を算出する、簡易課税制度を選択することができる。

簡易課税制度は、課税仕入れ等の集計や計算が不要になるだけで、前述の原則課税と比べて有利な税額計算であるわけではない。

原則課税は、集計や計算に手数等を要しても、簡易課税よりも納付する税額が少なかったり、場合によっては還付になったりすることもある。

簡易課税による計算は、課税売上高に係る消費税から控除する課税仕入れに係る税額を、課税売上高に対する税額の一定割合とするというものである。この一定割合をみなし仕入率という。売上を卸売業、小売業、製造業等、サービス業等、不動産業及びその他の事業の6段階に区分し、それぞれの区分ごとのみなし仕入率を適用する。不動産の賃貸の場合は第6種事業となり、みなし仕入率は40％である。ちなみに、みなし仕入率について、平成27年4月1日以後に開始する課税期間から、従前の第5種事業のうち不動産業を第6種事業とし、みなし仕入率を40％とする改正がなされた。個人の課税事業者が簡易課税を選択していた場合は、原則として、平成28年分以後の課税期間から第6種事業としてみなし仕入率40％を適用することになる。

〈みなし仕入率〉

区分	割合
第1種事業（卸売業）	90％
第2種事業（小売業）	80％
第3種事業（製造業等）	70％
第4種事業（その他の事業）	60％
第5種事業（サービス業等）	50％
第6種事業（不動産業）	40％

⑤ 貸家建築や購入と消費税計算の特例の背景

　建物を建築または購入する場合には、建築業者や不動産業者に建築代金や購入代金とともに消費税等を支払う必要がある。その建物の建築や購入が住宅以外の用途に貸し付けるためのものであれば、消費税の課税仕入れに該当する。この際に、個人が課税事業者であれば、課税売上高に係る消費税から、建物の建築または購入に係る消費税を差し引くことができる。建物の建築や購入年分の課税仕入れ額は、課税売上高となる受取り家賃等に比して多額になることが考えられ、課税仕入れに係る消費税等の還付が受けられる事例も少なくない。

　免税事業者の場合は、消費税の納付もしなくてよい一方で還付も受けられないため、貸家の建築や購入を行う前に、あえて還付を受けるために届出書を提出して、課税事業者となることもある。

　建物の建築や購入年分に消費税等の還付を受け、2年間強制される課税期間が終了した後、課税事業者を取りやめ、免税事業者となることもできた。また、一定の課税売上高があり免税事業者になることができなくても、簡易課税制度を選択することも可能であった。住宅の賃貸事業を始めるに当たり、自動販売機を設置して課税売上を発生させて、建築や購入年分の課税売上割合を意図的に高くして、住宅貸付の用途に供する建築や購入代金に係る課税仕入れの消費税について還付を受けるなどのスキームも少なからず行われていた。長期間にわたって使用する固定資産について、取得期間の当初状況だけで消費税の課税関係を有利に計算することができた。これらの弊害に対して、課税仕入れ等を行った課税期間から3年間は、引き続き課税事業者でなければならない制限や、簡易課税制度を選択することができない制限、建築や購入に係る消費税の調整計算をするなど一定の改正がなされている。一定の固定資産等を取得して原則課税により申告を行った場合には、その課税期間の初日以後3年間の課税期間は、これらの制限に留意して消費税計算を行う必要がある。

（イ）調整対象固定資産の仕入れ等を行った場合の特例

　前述の制限の一つに、調整対象固定資産の仕入れ等を行った場合の特例がある。課税事業者の選択届出書を提出して課税事業者になってから2課税期間中に、100万円以上の固定資産（調整対象固定資産）を取得等した場合には、取得等の課税期間を含む3年間は、課税事業者の取りやめや簡易課税の選択を行うことができない。

（ロ）高額特定資産を取得した場合の特例

　さらに、平成28年度税制改正では、課税事業者の選択届出書の提出の有無にかかわらず、平成28年4月1日以後に1,000万円以上の固定資産など（高額特定資産）を取得等した場合には、取得等の課税期間を含む3年間は、免税事業者になれず、簡易課税の選択を行うことができないという制度が創設された。

（ハ）課税売上割合が著しく変動したときの調整

　取得年分の課税売上割合に比べてその後の課税期間の課税売上割合が著しく低い場合には、消費税の課税事業者は、消費税の課税関係を有利に計算できてしまう。前述した自動販売機設置による課税売上割合に対する意識的なスキームなどへの対応として、課税売上割合が著しく変動したときの調整が行われる。

　建物その他固定資産の取得代金が100万円（税抜）以上の固定資産を調整対象固定資産という。その固定資産の課税仕入れ等に係る消費税額について課税売上割合に比例して配分する方法により計算した場合に、その計算に用いた課税売上割合が、その取得課税期間（仕入課税期間）以後3年間の通算課税売上割合と比較して著しく増加や減少するときは、第3年度の課税期間において仕入控除税額の調整を行う。つまり、取得後3年間の課税売上割合等が著しく変動する場合は、建築や購入に係る消費税等を調整する計算が行われる。

【通算課税売上割合 ‥‥‥‥‥‥‥(A)】
【仕入課税期間課税売上割合 ‥‥‥(B)】

※「通算課税売上割合」は、仕入課税期間から第3年度の課税期間までの各課税期間中の総売上高に占める課税売上高の割合をいう。

〈著しい場合の要件〉

①著しい増加の場合

$$\frac{(A)-(B)}{(B)} \geqq \frac{50}{100}$$

$$(A)-(B) \geqq \frac{5}{100}$$

次の増額金額を第3年度の課税期間の控除仕入税額に加算する。

調整対象基準税額×【(A)−(B)】

②著しい減少の場合

$$\frac{(B)-(A)}{(B)} \geqq \frac{50}{100}$$

$$(B)-(A) \geqq \frac{5}{100}$$

次の減算金額を第3年度の課税期間の控除仕入税額から控除する。

調整対象基準税額×【(B)−(A)】

6 既存住宅の取得

(1) 既存住宅を取得したときの税金の概要

　既存住宅を取得した場合に課される税金には、いくつかの税目がある。不動産を取得したことを公示するために登記をすることになるが、この登記に関連して登録免許税が発生する。また、不動産を取得したことに着目して不動産取得税が課され、消費税の課税事業者から不動産を取得した場合には、消費税もかかる。

　一方、不動産を取得するに際して、住宅ローン控除、居住用財産の買換え特例などの所得税の優遇措置もある。

　不動産を取得するに当たっては、不動産が高額になるため、一般的には、取得するための資金が必要となる。この取得資金のうち、住宅取得等資金については贈与税の特例が設けられている。

(2) 既存住宅を取得したときの登録免許税

　登録免許税は、不動産を取得し登記することに対して課される税金である。税額は、不動産の価額に税率を乗じて求められる。登録免許税は登記の内容やその原因によって税率が異なる。課税標準となる不動産の価額は、固定資産課税台帳の登録価格（固定資産税評価額）になる。

〈登記の種類と税率〉
①土地の所有権の移転登記

内容	課税標準	税率	軽減税率	
			内容	軽減税率
売買	不動産の価額	1,000分の20	平成31年3月31日までの間に登記を受ける場合	1,000分の15
相続、法人の合併または共有物の分割	不動産の価額	1,000分の4	—	—
その他（贈与・交換・収用・競売等）	不動産の価額	1,000分の20	—	—

②建物の登記

内容	課税標準	税率	軽減税率		
			項目	内容	軽減税率
所有権の保存	不動産の価額	1,000分の4	住宅用家屋の所有権の保存登記（措法72の2）	個人が、平成32年3月31日までの間に住宅用家屋を新築又は建築後使用されたことのない住宅用家屋の取得をし、自己の居住の用に供した場合の保存登記	1,000分の1.5
			特定認定長期優良住宅又は認定低炭素住宅の所有権の保存登記（措法74）	個人が、平成30年3月31日までの間に特定認定長期優良住宅又は認定低炭素住宅で住宅用家屋に該当するもので新築又は建築後使用されたことのないものを取得し、自己の居住の用に供した場合の保存登記	1,000分の1
売買又は競売による所有権の移転	不動産の価額	1,000分の20	住宅用家屋の所有権の移転登記（措法73）	個人が、平成32年3月31日までの間に住宅用家屋の取得（売買及び競落に限る。）をし、自己の居住の用に供した場合の移転登記	1,000分の3
			特定認定長期優良住宅又は認定低炭素住宅の所有権の移転登記（措法74）	個人が、平成30年3月31日までの間に特定認定長期優良住宅又は認定低炭素住宅で住宅用家屋に該当するもので新築又は建築後使用されたことのないものを取得し、自己の居住の用に供した場合の移転登記	1,000分の1（一戸建ての特定認定長期優良住宅は1,000分の2）
			特定の増改築等がされた住宅用家屋の所有権の移転登記（措法74の3）	個人が、平成30年3月31日までの間に、宅地建物取引業者により特定の増改築等が行われた中古住宅を取得し、自己の居住の用に供した場合の移転登記	1,000分の1
相続又は法人の合併による所有権の移転	不動産の価額	1,000分の4	—	—	—
その他の所有権の移転（贈与・交換・収用等）	不動産の価額	1,000分の20	—	—	—
先取特権の保存、質権又は抵当権の設定その他の権利の処分の制限の登記	債権金額、極度金額等	1,000分の4	住宅取得資金の貸付け等に係る抵当権の設定登記（措法75）	個人が、平成32年3月31日までの間に住宅用家屋の新築（増築を含む。）又は住宅用家屋の取得をし、自己の居住の用に供した場合において、これらの住宅用家屋の新築若しくは取得をするための資金の貸付け等に係る抵当権の設定登記	1,000分の1

（注）上記の軽減税率の適用を受けるには、床面積が50㎡以上であることや、新築または取得後1年以内の登記であること等一定の要件を満たす必要がある。

新築住宅の保存登記、移転登記については、一定の要件を満たした場合の軽減措置（保存登記1,000分の1.5、移転登記1,000分の3）がある（平成32年3月31日まで）。この住宅用家屋の所有権の保存登記および移転登記の軽減税率の特例の要件は、次の通りである。

①自己の居住用の住宅であること。
②新築または取得後1年以内に登記されたものであること。
③床面積（登記簿面積）が50㎡以上であること。

既存住宅の移転登記についても、一定の要件を満たした場合の軽減措置がある（平成32年3月31日まで）。この既存住宅の移転登記の軽減税率の特例の要件は、次の通りである。

①自己居住用の住宅であること。
②取得後1年以内に登記されたものであること。
③床面積（登記簿面積）が50㎡以上であること。
④マンション等耐火建築物は25年以内、木造等耐火建築物以外は20年以内に建築されたものであること（この年数を超えている場合には、その住宅が新耐震基準に適合していることについて証明できるものや、既存住宅売買瑕疵保険に加入しているなど一定のものであること）。

この特例を適用するには、これらの要件に該当していることについて、家屋所在地の市区町村の証明書（既存住宅証明書）を添付して登記をする必要がある。

なお、不動産の保存登記および移転登記は、不動産の価額に税率を乗じて計算されるが、既存住宅の不動産の価額は、固定資産課税台帳に登録された価格（評価額）となる。一方、新築住宅は、固定資産課税台帳に登録されていないため、基準年度の新築建物価格認定基準表によって法務局の登記官が課税標準を決めることになる。

(3) 既存住宅を取得したときの不動産取得税

① 不動産取得税の概要

　不動産取得税は、不動産の取得に対して、その不動産の所在地の都道府県が、取得者に課す税金である。不動産の取得には、売買による土地や家屋の取得だけでなく、家屋の新築、増改築も含まれる。

　不動産取得税は、不動産の価格（課税標準額）に税率を乗じて算定される。

〈不動産取得税の計算〉

> 不動産取得税＝不動産の価格（課税標準額）×税率

　課税標準額は、固定資産税台帳の登録価格（固定資産税評価額）が原則である。平成30年３月31日までに取得した宅地等（宅地および宅地評価された土地）には、不動産の価格×１/２を課税標準額とする特例がある。

〈不動産取得税の税率〉

		課税標準の特例 （平成30年 ３月31日まで）	税率	
			平成30年 ３月31日まで	本則
土地	宅地等	１/２	３％	４％
	非宅地等	—	３％	４％
建物	住宅	—	３％	４％
	非住宅	—	４％	４％

② 住宅を取得したときの家屋の課税標準額の軽減による税額軽減

住宅を取得したときの不動産取得税については、課税標準額から一定の額を控除するという軽減特例が設けられている。

新築住宅の取得（増築、改築を含む）の控除額は1,200万円、認定長期優良住宅については1,300万円とされている。

既存住宅については、耐震基準に適合するか否かで、特例の内容が異なり、耐震基準に適合しない既存住宅の場合は、取得後6か月以内に耐震改修工事を行うこと等を条件に、税額が減額される。

〈課税標準額の軽減特例〉

	新築住宅 （特例適用住宅）	既存住宅	
		耐震基準適合 既存住宅	耐震基準不適合 既存住宅
控除額	1,200万円 （平成30年3月31日までに取得した認定長期優良住宅は、1,300万円）	耐震基準要件 ※1	耐震基準要件 ※2 税額減額
居住要件	・住宅であればよく、自己居住用だけでなく、居住用賃貸物件も可 ・セカンドハウス（別荘は不可）	・自己居住用に限る（居住用賃貸用物件は適用外） ・セカンドハウス（別荘は不可）	
	・取得者は、個人、法人を問わない	・取得者は、個人であること	
床面積	50㎡以上240㎡以下 （戸建以外の貸家住宅は、40㎡以上240㎡以下）	50㎡以上240㎡以下	

※1　耐震基準適合既存住宅
〈耐震基準適合既存住宅の耐震基準要件〉
　以下のいずれかの要件を満たせば適用できる。
　①昭和57年1月1日以後に新築されたもの（築後経過年数要件）
　②建築士等が行う耐震診断によって新耐震基準に適合していることの証明がなされていること（証明に係る調査が住宅の取得日前2年以内に終了していること）（耐震基準要件）
〈耐震基準適合既存住宅の控除額〉
　既存住宅が新築された日に応じて、下記の額が課税標準から控除される。

新築された日	控除額
昭和29年7月1日〜昭和38年12月31日	100万円
昭和39年1月1日〜昭和47年12月31日	150万円
昭和48年1月1日〜昭和50年12月31日	230万円
昭和51年1月1日〜昭和56年6月30日	350万円
昭和56年7月1日〜昭和60年6月30日	420万円
昭和60年7月1日〜平成元年3月31日	450万円
平成元年4月1日〜平成9年3月31日	1,000万円
平成9年4月1日以降	1,200万円

※2　耐震基準不適合既存住宅
〈耐震基準不適合既存住宅の耐震基準要件〉
　「築後経過年数要件」および「耐震基準要件」を満たしていない要耐震改修住宅でも、取得後6か月以内に、下記の要件を満たせば適用できる。
　①取得した既存住宅に耐震改修工事を行うこと
　②耐震改修工事後の既存住宅が、耐震診断によって耐震基準に適合していることの証明がなされていること
　③耐震改修工事後、取得者がその既存住宅に居住すること
〈耐震基準不適合既存住宅の税額減額〉
　既存住宅が新築された日に応じて、下記の額が税額から減額される。

新築された日	控除税額
昭和29年7月1日〜昭和38年12月31日	100万円×3％＝30,000円
昭和39年1月1日〜昭和47年12月31日	150万円×3％＝45,000円
昭和48年1月1日〜昭和50年12月31日	230万円×3％＝69,000円
昭和51年1月1日〜昭和56年6月30日	350万円×3％＝105,000円
昭和56年7月1日〜昭和56年12月31日	420万円×3％＝126,000円

③ 住宅用土地の税額控除による税額減額

住宅用土地についても、一定の要件に該当すれば、税額の減額措置がある。

【住宅用土地の税額控除による税額軽減】

> 不動産取得税＝①で算定した不動産取得税－控除額

次のいずれか高い方の額が、不動産取得税から控除される。
（イ）45,000円
（ロ）土地の価格（課税標準の2分の1特例適用※）／面積（㎡）×住宅用建物の床面積×2（限度200㎡）×3％
　　※平成30年3月31日までに取得した場合

この特例を適用できるのは、以下の場合である。

	新築住宅用土地	既存住宅用土地
減額特例要件	「②住宅を取得したときの家屋の課税標準額の軽減による税額軽減」の新築住宅（特例適用住宅）の要件を満たしていること	「②住宅を取得したときの家屋の課税標準額の軽減による税額軽減」の既存住宅（耐震基準適合既存住宅）の要件を満たしていること
土地の先行取得	土地を取得してから3年以内に住宅を新築すること	土地を取得してから1年以内に既存住宅を取得した場合
住宅先行取得	借地で住宅を新築してから1年以内に土地を取得すること	借地で既存住宅を取得してから1年以内に土地を取得すること
同時取得	未使用の土地付建売住宅・マンションで、住宅に該当するものを新築後1年以内に取得した場合	既存住宅と土地を同時に取得すること

④ 平成29年度税制改正
(イ) 居住用超高層建築物の不動産取得税の見直し

　平成29年度税制改正において、居住用超高層建築物（いわゆる「タワーマンション」）に係る不動産取得税について、各区分所有者ごとの税額を算出する際に用いる専有床面積を、実際の取引価格の傾向を踏まえて補正するよう見直しが行われている。高層階の不動産取得税の税額を引き上げるものであり、高層階の「固定資産税評価額」を引き上げるものではない。この改正は、平成30年度から新たに課税されることとなるものについて適用される。ただし、平成29年4月1日前に売買契約が締結された住戸を含むものは除かれる。

(ロ) 家庭的保育事業、居宅訪問型保育事業または事業所内保育事業（利用定員が1人以上5人以下）の用に供する家屋にかかる不動産取得税の課税標準の特例措置についての見直し

　価格から控除する額は、次の割合（改正前：2分の1）を乗じて得た額とされる。

　○当該不動産の価格の2分の1を参酌して3分の1以上3分の2以下の範囲内において都道府県の条例で定める割合

　この改正は、平成29年4月1日以後の取得について適用される。

(4) 既存住宅を取得したときの消費税

　不動産を取得した立場からの消費税の課税は下記の通りである。消費税の詳細については、「**4 空き家の譲渡 (8)自宅を譲渡したときの消費税**」（150ページ）を参照。

	新築住宅	既存住宅	
土地の取得	非課税取引として消費税が課されないのが原則	非課税取引として消費税が課されないのが原則	
建物の取得	課税取引として消費税が課されるのが原則	宅建業者が売り主の場合	課税取引として消費税が課されるのが原則
		個人が売り主で、事業用資産を売った場合	
		個人が売り主で、事業用でない資産を売った場合	消費税が課されないのが原則

なお、平成26年4月1日から消費税の税率が5％から8％に上がっており、これに伴い、消費税率引上げに伴う住宅に関する経過措置が設けられている。消費税の額は、引渡し時点の税率により決定するのが原則であるが、住宅などの場合、契約内容に応じて、平成26年4月1日以降の引渡しであっても5％の税率を適用する場合がある。

新築の注文住宅や住宅リフォーム、マンションの大規模修繕などの請負工事について、新税率の施行日の半年前（指定日）である平成25年9月30日までに請負工事の契約を締結していれば、引渡しが平成26年4月1日以降であったとしても、旧税率である5％が適用される。

（5）既存住宅を取得したときの住宅ローン控除（住宅ローン減税）

① 新築住宅・既存住宅の取得等（建築を含む）

住宅ローンを利用して、自己の居住用住宅の新築、取得、増改築を行った場合に、住宅ローン控除という所得税の軽減措置がある。居住年が平成26年4月1日から平成33年12月31日までで、住宅の取得等が「特定取得」に該当する場合には、住宅ローンの年末残高（控除対象借入金限度額4,000

万円(認定長期優良住宅・認定低炭素住宅は5,000万円))の1％を10年間所得税額から控除できる。控除限度額は年40万円、最大控除額400万円(認定長期優良住宅・認定低炭素住宅は年50万円、最大控除額500万円)である。特定取得とは、住民の取得等に係る消費税率が8％または10％の場合の取得をいう。

特定取得に該当しない場合には、控除対象借入金限度額2,000万円、控除限度額年20万円、最大控除額200万円(認定長期優良住宅・認定低炭素住宅は、控除対象借入金限度額3,000万円、控除限度額年30万円、最大控除額300万円)である。

なお、その年分の所得税額から住宅ローン控除額を控除しきれなかった場合には、翌年分の個人住民税において、その控除しきれなかった額に相当する額を減額する。ただし、居住年が平成26年から平成33年12月31日までで、住宅の取得等が特定取得に該当する場合には、前年分の所得税の課税総所得金額の7％(最高13.65万円)、該当しない場合には、5％(最高9.75万円)が控除限度額とされる。

〈一般住宅と認定住宅のローン控除の概要〉

	一般住宅		認定住宅	
	特定取得	以外	特定取得	以外
居住年	平成26年4月1日～平成33年12月31日			
控除期間	10年間			
住宅ローン等の年末残高限度額	4,000万円	2,000万円	5,000万円	3,000万円
控除率	1.0%			
年間最大控除額	40万円	20万円	50万円	30万円
最大累計控除額	400万円	200万円	500万円	300万円

住宅ローン控除の適用要件は、下記の通りである。

〈住宅ローン控除の適用要件〉

	新築住宅	既存住宅
居住入居	新築又は取得の日から6か月以内に居住の用に供し、適用を受ける各年の12月31日まで引き続いて住んでいること	取得の日から6か月以内に居住の用に供し、適用を受ける各年の12月31日まで引き続いて住んでいること
所得	適用年分の合計所得金額が3,000万円以下	
床面積	住宅の床面積が50㎡以上 床面積の2分の1以上が専ら自己の居住の用に供するもの	
築後経過年数	―	建築後20年以内（マンション等の耐火建築物は、25年以内） （築後経過年数要件）※
被取得者	同一生計の親族等から取得したものではないこと 贈与による取得でないこと	
償還期間	償還期間が10年以上	

※「築後経過年数要件」を満たさなくても、耐震基準に適合する建物（平成17年4月1日以後に取得したものに限る。）であれば適用できる（耐震基準要件）。この場合には、次のいずれかが求められる。
イ　耐震基準適合証明書（取得日前2年間に調査が終了したもの）
ロ　住宅性能評価書（取得日前2年間に評価）
ハ　既存住宅瑕疵担保契約（取得日前2年間に締結）
　さらに、平成26年4月1日以後に取得した既存住宅で、「築後経過年数要件」および「耐震基準要件」を満たしていない要耐震改修住宅でも、下記の要件を満たせば適用できる。
①取得日までに耐震改修を行うことについて申請をすること
②居住開始日までにその耐震改修（住宅耐震改修特別控除の適用を受けるものを除く）により、家屋が耐震基準に適合することにつき証明がされたものであること

　なお、前年または前々年に、居住用財産の譲渡所得の3,000万円特別控除等の特例を受けている場合には、住宅ローン控除を適用することはできない。住宅ローン控除を適用した後、適用を受けた翌年または翌々年に居住用財産の譲渡所得の3,000万円特別控除の特例を適用したい場合には、遡及して住宅ローン控除不適用の修正申告をすることが必要となる。

② 既存住宅に対する増改築等に係る住宅ローン控除

(イ) 増改築等の住宅ローン控除

　既存住宅に借入金等を利用して増改築した場合にも、住宅ローン控除の適用ができる。自己が所有し居住している住宅の増改築等で、工事費用が100万円を超えるものは、住宅ローン控除の対象となる。居住年が平成26年4月1日から平成33年12月31日までであって、住宅の増改築等が「特定取得」に該当する場合は、住宅ローンの年末残高（控除対象借入金限度額4,000万円）の1％を10年間、所得税額から控除できる。控除限度額は年40万円、最大控除額400万円の税額控除が受けられる。「特定取得」に該当しない場合は、控除対象借入金限度額2,000万円、控除限度額年20万円、最大控除額200万円である。

(ロ) 特定増改築等住宅ローン控除

　バリアフリー改修工事や省エネ改修工事を含む増改築等をした場合に、特定の要件を満たしていれば、「特定増改築等住宅ローン控除」の特例の適用を受けることができる。居住年が平成26年4月1日から平成33年12月31日までであって、住宅の増改築等が「特定取得」に該当する場合は、住宅ローンの年末残高（1,000万円を限度）のうち当該工事費用（特定増改築等限度額250万円）については2％を、当該工事以外の額については1％を5年間、所得税額から控除できる。控除限度額年12.5万円、最大控除額62.5万円である。なお、「特定取得」に該当しない場合は、特定増改築等限度額200万円、控除限度額年12万円、最大控除額60万円である。

　「増改築等の住宅ローン控除」と「特定増改築等住宅ローン控除」はいずれか一つの選択適用となる。

⑥ 既存住宅の取得

〈一定と特定の住宅ローン控除の概要〉

	既存住宅に対する増改築等に係る住宅ローン控除	既存住宅に対する特定増改築等に係る住宅ローン控除
居住年	平成26年4月1日～平成33年12月31日	
控除期間	10年	5年
住宅ローン等の年末残高限度額	4,000万円	1,000万円
控除率	1.0%	該当工事　2.0% （限度額250万円） 該当工事以外　1.0%
年間最大控除額	40万円	12.5万円
最大累計控除額	400万円	62.5万円

（注）住宅の増改築等が「特定取得」に該当する場合の額

〈一定と特定の住宅ローン控除の適用要件〉

	既存住宅に対する増改築等に係る住宅ローン控除	既存住宅に対する特定増改築等に係る住宅ローン控除
対象工事	①建築基準法に対する一定の増改築等[※1]	―
	②耐震改修工事[※2]	―
	③バリアフリー改修工事（高齢者等居住改修工事）	（ⅰ）バリアフリー改修工事（高齢者等居住改修工事）[※3]
	④省エネ改修工事（断熱改修工事）	（ⅱ）省エネ改修工事（断熱改修工事）[※4]
	⑤三世代同居改修工事（多世帯同居改修工事）	（ⅲ）三世代同居改修工事（多世帯同居改修工事）[※5]
控除期間	10年	5年
償還期間	10年以上	5年以上
工事費用	100万円超	50万円超
入居居住	増改築等の日から6か月以内に居住の用に供し、適用を受ける各年の12月31日まで引き続いて住んでいること。	
所得	適用年分の合計所得金額が3,000万円以下	
床面積	住宅の床面積が50㎡以上 床面積の2分の1以上が専ら自己の居住の用に供するもの	

※1 次のいずれかの一定の工事に該当するものであること。
　イ　居住用建物について行う増改築、建築基準法に規定する大規模の修繕、大規模の模様替え等
　ロ　マンション等で区分所有する部分について行う床・階段・間仕切り壁・主要構造部である壁のいずれかのものの過半について行う修繕または模様替え
　ハ　建物（マンション等の区分所有部分を含む。）の一室（居室・調理室・浴室・便所・洗面所・納戸・玄関・廊下のいずれか）の床または壁の全部についての修繕または模様替え
※2 建築基準法施行令の構造強度等に関する規定または地震に対する安全性に係る基準に適合させるための一定の修繕・模様替えの工事をいう。
※3 高齢者等居住改修工事とは、高齢者が自立した日常生活を営むのに必要な構造および設備の基準に適合させるための修繕または模様替えで、以下の工事のいずれかに該当する工事をいう。
　①廊下の拡張　　　　②階段の勾配の緩和　　　③浴室の改良　　　　④便所の改良
　⑤手すりの設置　　　⑥屋内の段差の解消　　　⑦引き戸への取替え　⑧床表面の滑止め化
※4 断熱改修工事とは、以下の工事をいう。
　イ　断熱改修工事等
　　　居室の全ての窓の改修工事、またはその工事と併せて行う床の断熱工事、天井の断熱工事若しくは壁の断熱工事で、aおよびbを満たす工事。
　　a　改修部位の省エネ性能または断熱等性能が平成25年基準相当となると認められる工事

b　改修後の住宅全体の省エネ性能または断熱等性能が改修前から一段階相当以上上がると認められる工事
　ロ　特定断熱改修工事
　　断熱改修工事等のうち、改修後の住宅全体の省エネ性能または断熱等性能が平成25年基準相当となると認められる工事
　ハ　イまたはロの工事と併せて行う一定の修繕・模様替えの工事
※5　多世帯同居改修工事とは、他の世帯と同居するのに必要な次に掲げる設備の数を増加させるための増改築等（増改築等後、次に掲げる設備のいずれか2つ以上が複数となるものに限る。）をいう。
　①調理室　　②浴室　　③便所　　④玄関

　なお、増改築等に関して補助金を受け取った場合には、一時所得として、所得税の課税対象となる。一時所得の計算においては、50万円の特別控除の適用があり、補助金を含む一時所得の額が50万円を超えないのであれば、確定申告不要である。

　地方公共団体から受ける補助金は、国庫補助金等に該当するため、確定申告書に「国庫補助金等の総収入金額不算入に関する明細書」を添付することにより、一時所得の金額に含めないとする特例を適用することができる。

　また、増改築等に関する住宅ローン控除の適用において、補助金等は、工事費用から控除することになる。

③　平成29年度税制改正

　平成29年度税制改正において、「既存住宅に対する特定の増改築等に係る住宅ローン控除」の適用対象となる工事に、「特定の省エネ改修工事と併せて行う一定の耐久性向上改修工事」が加えられ、税額控除2％の対象となる住宅借入金等の額の範囲に、「特定の省エネ改修工事と併せて行う一定の耐久性向上改修工事」の費用に相当する借入金等が加えられた。

　「一定の耐久性向上改修工事」とは、①小屋根、②外壁、③浴室、脱衣室、④土台、軸組等、⑤床下、⑥基礎、⑦地盤に関する劣化対策工事、⑧給排水管、給湯管に関する維持管理若しくは更新を容易にするための工事で次の要件を満たしたものをいう。

(イ) 増築、改築、大規模の修繕若しくは大規模の模様替または一室の床若しくは壁の全部について行う修繕若しくは模様替等であること
(ロ) 認定を受けた長期優良住宅建築等計画に基づくものであること
(ハ) 改修部位の劣化対策並びに維持管理および更新の容易性が、いずれも増改築による長期優良住宅の認定基準に新たに適合することとなること
(ニ) 工事費用（補助金等の交付がある場合には、当該補助金等の額を控除した後の金額）の合計金額が50万円を超えること

この改正は、増改築等をした居住用家屋を平成29年4月1日から平成33年12月31日までの間に自己の居住の用に供する場合に適用される。

住宅借入金等を有する場合の所得税額の特別控除、既存住宅に対する一定の増改築等に係る住宅ローン控除および既存住宅に対する特定の増改築等に係る住宅ローン控除の適用対象となる省エネ工事の適用対象となる省エネ改修工事に、次の工事が加えられた。

・居室の窓の断熱改修工事または居室の窓の断熱改修工事と併せて行う天井、壁若しくは床の断熱改修工事で、次の要件を満たすもの
　(イ) 改修後の住宅全体の断熱性能等級が改修前から一段階相当以上向上すること
　(ロ) 改修後の住宅全体の省エネ性能が断熱等性能等級4または一次エネルギー消費量等級4以上または断熱等性能等級3となること

また、これらの特例の適用を受けるための確定申告時の添付書類として、増改築等に該当することとなる書類（増改築等工事証明書）、既存住宅の耐震改修をした場合の所得税額の特別控除の対象となる耐震改修に該当することを証明する書類（住宅耐震改修証明書）の様式が統一されている。

（6）すまい給付金

平成26年4月1日から平成32年12月31日までの間に、居住用建物および土地を取得し居住した一定の者について、「すまい給付金」が交付される。これは、消費税の税率の引上げの措置としてとられたものである。

給付金は、下記の算式により計算される。

〈すまい給付金〉

> 給付額＝給付基礎額×持分割合

給付基礎額は、下記の通りである。

収入額の目安	都道府県民税の所得割額	給付基礎額
425万円	68,900円以下	30万円
425万円超〜475万円以下	68,900円超〜83,900円以下	20万円
475万円超〜510万円以下	83,900円超〜93,800円以下	10万円

対象となる住宅は、下記の通りである。

	新築住宅	既存住宅
住宅ローン	・床面積等が50㎡以上であること ・施工中に第三者の現場検査を受け一定の品質が確認されていること（例：住宅瑕疵担保責任保険加入住宅）	・床面積が50㎡以上であること ・売買時に第三者の検査を受け一定の品質が確認された住宅であること（例：既存住宅売買瑕疵保険加入住宅） ・売主が宅地建物取引業者であること
自己資金	・上記の要件を満たすこと ・取得者の年齢が50歳以上の者であること ・フラット35Sと同等の基準を満たすこと	・上記の要件を満たすこと ・取得者の年齢が50歳以上の者であること

なお、すまい給付金を受け取った場合には、一時所得として、所得税の課税対象となる。一時所得の計算においては、50万円の特別控除の適用があり、すまい給付金を含む一時所得の額が50万円を超えないのであれば、確定申告不要である。

すまい給付金は、国庫補助金等に該当するため、確定申告書に「国庫補助金等の総収入金額不算入に関する明細書」を添付することにより、一時所得の金額に含めないとする特例を適用することができる。また、住宅ローン控除の適用において、すまい給付金は住宅の取得対価の額から控除することになる。

（7）既存住宅を自己資金で増改築したときの税額控除

居住用家屋について一定の耐震改修工事をした場合には、その年分の所得税額から一定の額を税額控除することができるという特例がある（住宅耐震改修特別控除）。

税額控除額は、各種工事の標準的な費用の額から補助金の額を控除した額に控除率を乗じて得た額である。

〈各工事と税額控除の概要〉

	耐震改修工事	バリアフリー改修工事	省エネ改修工事	多世帯同居改修工事
居住年	平成26年4月1日～平成33年12月31日			
控除期間	初年度	初年度	初年度	初年度
控除額	（工事の標準的な費用の額－補助金の額）×控除率			
工事の標準的な費用の額の最高額	250万円	200万円	250万円（太陽光発電設備を併せて設置する場合は350万円）	250万円
控除率	10%	10%	10%	10%
控除限度額	25万円	20万円	25万円（35万円）	25万円

（注）住宅の増改築等が「特定取得」に該当する場合の額

住宅耐震改修特別控除は、所得金額3,000万円基準もなく、また、居住用財産の譲渡所得の3,000万円控除の特例との併用も可能である。

　バリアフリー改修工事、省エネ改修工事、多世帯同居改修工事をした場合には、住宅ローン等の利用がなくてもその年分の所得税額から一定の額を税額控除できる（住宅特定改修特別税額控除）。

　また、同一年度にバリアフリー改修工事と省エネ改修工事を行う場合は、それぞれ控除額はそれぞれの限度額の合計となる。さらに耐震改修工事も併用することができる。

　平成29年度税制改正において、適用対象となる改修工事に、「一定の耐久性向上改修工事で耐震改修工事または省エネ改修工事を併せて行うもの」が加えられている。その控除額は「耐震改修工事または省エネ改修工事に係る標準的な工事費用相当額および耐久性向上改修工事に係る標準的な工事費用相当額の合計額」（250万円（省エネ改修工事と併せて太陽光発電装置を設置する場合には、350万円）を限度）の10％である。

　なお、耐震改修工事および省エネ改修工事と併せて一定の耐久性向上改修工事を行った場合における控除額は、その耐震改修工事に係る標準的な工事費用相当額、省エネ改修工事に係る標準的な工事費用相当額および耐久性向上改修工事に係る標準的な工事費用相当額の合計額（500万円（省エネ改修工事と併せて太陽光発電装置を設置する場合には、600万円）を限度）の10％である。

　これに伴い、既存住宅に係る特定の改修工事をした場合の所得税額の特別控除の適用対象となる省エネ改修工事について、その年の前年3年内に省エネ改修工事を行い、本税額控除の適用を受けている場合には適用しないこととされた。また、標準的な工事費用相当額についても改正されている。

　この改正は、増改築等をした居住用家屋を平成29年4月1日から平成33年12月31日までの間に自己の居住の用に供する場合について適用される。

(8) 居住用財産の買換え特例を利用した既存住宅の取得

　現在住んでいるマイホーム（居住用資産）を売却して、新築住宅または既存住宅を取得する場合がある。しかし、現在住んでいるマイホームに譲渡益が生じ、譲渡益に対して課税がされてしまうと手残りの資金が減ってしまい、新築住宅または既存住宅を取得する資金が不足してしまうという事態を招いてしまいかねない。

　そこで、居住用財産を平成29年12月31日までに売却して譲渡益が生じた場合に、一定の要件のもと、別の居住用財産を取得すれば、売却した年に売却した居住用財産の譲渡益に対する課税は行われず、代わりに取得した居住用財産を売却するまで、課税を将来に繰り延べることができるという譲渡所得の特例がある。これを、「居住用財産の買換え特例」という。

　この特例の適用は、取得する居住用財産が、新築であるか既存住宅であるかを問わない。したがって、現在居住しているマイホームを売却して、既存住宅を取得する場合も、居住用財産の買換え特例が適用できる。

　この特例を適用するためには、売却する居住用財産および取得する居住用財産が、次の要件を満たしている必要がある。

売却する居住用財産	取得する居住用財産
①居住期間が10年以上、かつ、売却した年の1月1日において所有期間が10年超 ②日本国内にあるもの ③譲渡代金が1億円以下 ④居住している家屋又は家屋とともにその敷地（借地権）を売却すること。譲渡時点で居住していない場合には、居住しなくなった日から3年目の12月31日までに売却すること ⑤譲渡先が親子や夫婦など特別の関係がある人でないこと。	①建物の床面積が50㎡以上、土地の面積が500㎡以下 ②耐火建築物の既存住宅：築25年以内（新耐震基準を満たせば、適用可） ③日本国内にあるもの ④売却した年の前年から翌年までの3年の間に取得すること ⑤次の日までに居住すること。 　イ　売却した年かその前年に取得したときは、売却した年の翌年12月31日まで 　ロ　売却した年の翌年に取得したときは、取得した年の翌年12月31日まで

　この特例を適用するに当たっては、居住用財産の譲渡所得の3,000万円特別控除の特例および10年超所有軽減税率の特例の重複適用はできない。前年、前々年において、居住用財産の譲渡所得の3,000万円特別控除の特例および10年超所有軽減税率の特例の適用を受けていないことが要件となる。買替え特例を適用した後の翌年、翌々年においては、3,000万円特別控除の特例はできない。

　一方、被相続人の居住用財産の譲渡所得の3,000万円の特別控除の特例および相続財産譲渡時の取得費加算特例については併用が可能である。

（9）既存住宅を取得するための住宅取得等資金の贈与の特例

①　直系尊属からの住宅取得等資金の贈与の非課税の特例

　マイホーム（居住用財産）を取得するためには、資金が必要である。直系尊属（父母または祖父母）から住宅を取得するための資金の贈与を受けた場合に、受贈者が一定の要件を満たす場合には、贈与を受けた住宅を取得する資金のうち一定の金額は、贈与税がかからないという特例がある。この特例を、「直系尊属からの住宅取得等資金の贈与の非課税の特例」とい

う。
　非課税の範囲は、次の通り。
（イ）　その住宅用家屋の取得等に消費税率10％が適用される場合

住宅用家屋の取得等に係る契約の締結時期	省エネ等住宅	左記以外の住宅用家屋（一般住宅用家屋）
平成31年4月1日 ～平成32年3月31日	3,000万円	2,500万円
平成32年4月1日 ～平成33年3月31日	1,500万円	1,000万円
平成33年4月1日 ～平成33年12月31日	1,200万円	700万円

（ロ）　（イ）以外の方（消費税率8％が適用される場合、個人間売買により既存住宅を取得した場合（消費税が非課税の場合））

住宅用家屋の取得等に係る契約の締結時期	省エネ等住宅	左記以外の住宅用家屋（一般住宅用家屋）
平成28年1月1日 ～平成32年3月31日	1,200万円	700万円
平成32年4月1日 ～平成33年3月31日	1,000万円	500万円
平成33年4月1日 ～平成33年12月31日	800万円	300万円

　「省エネ等住宅」とは、次のいずれかの要件を満たしたものをいう。
　　a．省エネ基準（断熱等性能等級4以上または一次エネルギー消費量等級4以上）
　　b．耐震基準（耐震等級（構造躯体の倒壊等防止）2以上または免震建築物）
　　c．バリアフリー性基準（高齢者等配慮対策等級（専用部分）3以上）
　この特例を適用できる受贈者、住宅取得資金の要件のポイントは、次の通りである。

6 既存住宅の取得

受贈者	①日本国内に住所を有すること ②贈与者の直系卑属であること ③贈与年の1月1日において20歳以上 ④贈与年の合計所得金額が2,000万円以下 ⑤贈与年の翌年3月15日までに、住宅取得等資金の全額を充てて住宅用の家屋の新築若しくは取得または増改築等をすること ⑥贈与年の翌年3月15日までに、その家屋に居住すること、または、同日後遅滞なくその家屋に居住することが確実であると見込まれること
資金	新築住宅、既存住宅、増改築（これらの敷地の用に供されている土地等を含む）のいずれかの新築、取得または増改築等（新築等）に充てるための資金であること

対象となる居住用の家屋、増改築等の要件は、次の通り。

	新築	既存住宅	増改築等
所在地	日本国内にある家屋		
床面積	住宅の床面積が50㎡以上240㎡以下 床面積の2分の1以上が専ら自己の居住の用に供するもの		
工事費用	—		100万円以上
追加要件		※1	※2

※1 既存住宅の場合には、上記に追加して、次の（イ）〜（ハ）のいずれかの要件を満たすことが求められる。
  （イ）建築後20年以内（マンション等の耐火建築物は、25年以内）（築後経過年数要件）
  （ロ）「築後経過年数要件」を満たさなくても、地震に対する安全性に係る基準に適合する建物であることについて証明されたものであれば、適用できる（「耐震基準要件」）。
  （ハ）さらに、「築後経過年数要件」および「耐震基準要件」を満たしていない要耐震改修住宅でも、下記の要件を満たせば適用できる。
    a 取得日までに、耐震改修工事を行うことを申請していること
    b 贈与を受けた年の翌年3月15日までに、耐震改修工事により既存住宅が耐震基準に適合していることの証明がされること
※2 増改築等に係る工事が、自己が所有し、かつ、居住している家屋に対して行われたもので、一定の工事に該当することについて、「確認済証」の写し、「検査済証」の写し、「増改築等工事証明書」などの書類により証明されるもの

② **住宅取得資金の贈与における相続時精算課税選択の特例**

　60歳以上の直系尊属（父母または祖父母）から、20歳以上の子または孫が贈与を受けた場合に、その贈与税の計算上、相続時精算課税の適用を選択することができる（相続時精算課税については129ページ参照）。しかし、この相続時精算課税には、贈与者について60歳以上という年齢制限があり、使い勝手が悪い場合がある。

　直系尊属（父母または祖父母）から住宅取得等資金の贈与を受けた場合には、この60歳という年齢制限が外れ、60歳未満であっても相続時精算課税が選択できるという特例がある。

　この特例の適用期限は、平成31年6月30日とされていたが、平成28年秋の税制改正で、平成33年12月31日まで2年半延長された。

（10）買取再販で扱われる既存住宅の取得の特例措置

① **買取再販で扱われる既存住宅の取得に係る登録免許税の特例措置**

　個人が、宅地建物取引業者により、一定の質の向上を図るための特定の増改築等が行われた既存住宅を取得した場合に、所有権移転登記に係る登録免許税が軽減される。具体的には、所有権移転登記に係る登録免許税の税率が、一般住宅特例より軽減される。（「**（2）既存住宅を取得したときの登録免許税**」参照。再掲）

内容	税率 （本則）	住宅用家屋の所有権の移転登記 （一般住宅特例）	特定の増改築等がされた住宅用家屋の所有権の移転登記
売買または競売による所有権の移転	1,000分の20	1,000分の3	1,000分の1

② 買取再販で扱われる既存住宅の取得に係る不動産取得税の特例措置

宅地建物取引業者が、既存住宅を取得し、住宅性能の一定の向上を図るための改修工事を行った後、住宅を個人の自己居住用住宅として譲渡する場合、宅地建物取引業者に課される不動産取得税が軽減される。具体的には、当該住宅の築年月日に応じて、課税標準から以下の額が控除される。

築年月日	控除額
昭和29年7月1日～昭和38年12月31日	100万円
昭和39年1月1日～昭和47年12月31日	150万円
昭和48年1月1日～昭和50年12月31日	230万円
昭和51年1月1日～昭和56年6月30日	350万円
昭和56年7月1日～昭和60年6月30日	420万円
昭和60年7月1日～平成元年3月31日	450万円
平成元年4月1日～平成9年3月31日	1,000万円
平成9年4月1日以降	1,200万円

この特例の適用期限は、平成29年度改正で適用期限が2年延長され、宅地建物取引業者による中古住宅の取得が、平成27年4月1日から平成31年3月31日までの間に行われるものが対象である。

第4章

空き家の活用促進と既存住宅の流通促進に向けて

本章では、新しい税制の創設によって、既存住宅ビジネスに関するインセンティブを確立するという観点から、いくつかの提言を行ってみた。今後の住環境整備やそれに伴う税財政等の政策・立案の参考となれば幸いである。

　なお、ここでは、既存住宅ビジネスに関する「活力」を重視する観点から考えられるものを列挙したものであり、特段の裏付けがあるわけではなく、税の公平性も考慮していない点につき、ご了承いただきたい。また、平成29年度税制改正で手当てされている項目については、第3章で解説しているため、本章においては割愛している。

1 除却・減築の促進

(1) 除却には費用負担が、減築には投資負担が伴う

　空き家数の増加や空き家率の増加に直接的な効果を及ぼす打ち手は、住宅の除却である。今後は、耐震性能や省エネ性能などをはじめとした基本性能に問題があり、人口動態から見ても市場性が低い住宅は、積極的に除却しなければならない時代になる。しかしながら、住宅を除却するためには、解体費など、所有者に一定の費用負担が発生する。さらには、住宅を除却した後の土地に対する固定資産税には、特例措置が適用されなくなるため、課税額も増える。これまでの日本では、不動産資産を保有することのメリットばかりが注目されてきたけれど、空き家率が一定水準を超えてくると、不動産資産を保有することによる責任を認識しなければならなくなる。除却に必要なコストや、その後の税負担はまさに、不動産資産を保有することの責任と言える。しかしながら、何のメリットもないにも関わらず、生活者が費用負担することは簡単ではない。

　一方、延床面積を縮小したり、複数戸の住宅を1戸の住宅にリノベーションしたりといった減築も、空き家数の増加や空き家率の増加に歯止めを掛けるためには、有効な手段である。ただし、減築の場合、単純な除却に比べ、減築後の不動産資産が付加価値を生むため、費用負担というよりは、投資負担という概念で捉えることができる。よって当面の間は、投資に見合う収益が見込まれるかどうか、市場原理の下での拡大に期待していくしかない。または、先述したように老朽化した公営住宅などにおいて、積極的な実証実験が望まれる。

　したがって少なくとも、除却を促進するためには、何らかのインセンティブを付与する必要があるのではないだろうか。日本では住宅を新築す

る場合、様々なインセンティブが付与されている。例えば、住宅ローンほど、低金利かつ長期の資金調達手段はない。ローン減税や贈与税の非課税制度などといった措置も講じられている。今後の日本において、住宅の除却を促進していくためには、単純な補助金に頼るのではなく、新築と同様のインセンティブを付与することが求められる。

(2) 新しい税制の創設によって、除却のインセンティブを確立する

① 所得控除の創設

現行の税制においては、住宅を除却（解体）しても、所得税における雑損控除のような所得控除をすることはできない。雑損控除は、あくまでも、災害又は盗難若しくは横領によって、資産について損害を受けた場合に限られ、除却・減築をした場合には適用されない。除却・減築も、雑損控除の対象に加えてもいいのではないだろうか。

なお、住宅の除却に対しては、インセンティブを与えるために、補助金を出している地方自治体もある。補助金自体は非課税だが、解体費用が雑損控除対象となるなら、解体費用から補助金自体を控除した残額を雑損控除とするのが、担税力を考慮する税法の考え方とも合致する。政策的配慮として、解体工事費に対して、補助金を控除せず、雑損控除を適用できるのであれば、補助金はまるまる個人の収益となり、空き家をなくすことに対してインセンティブが強く働くため、このような制度創設も有効であろう。

② 保有税（固定資産税等）の軽減

住宅を除却すると、居住用ではなくなるので、固定資産税等の住宅用地の課税標準の軽減特例が適用されず、税額が高くなる。また、除却しなくても、平成27年度税制改正で導入された特定空き家に指定された場合には、固定資産税等の住宅用地の課税標準の軽減特例が適用されず、更地並みの税額となる。この制度は、空き家を放っておくことに対する罰則的な税金コストといえる。

積極的に空き家を減らすためには、強いインセンティブを与えるものとして、空き家を除却し、更地になったとしても、将来活用計画に基づき、かつ、一定の管理をしている場合には、固定資産税の課税標準の軽減特例を適用できるような制度創設が考えられるのではないか。

　この特例を適用するにあたっては、不動産取得税の納税猶予制度に類似した制度であってもいいのではないか。不動産取得税の納税猶予制度は、土地を取得したものの住宅がない場合に、住宅が完成するまで、住宅用土地の減額制度が適用できないため、土地の取得に係る不動産取得税の住宅用土地の減額部分相当額に対して納税を猶予するという制度である。この制度は、取得した土地の上に取得の日から3年以内に住宅が新築される場合に適用でき、3年以内に住宅が新築されなければ、納税は猶予されず、減額がなかったものとして追加徴収される。これになぞらえ、例えば、3年たっても空き地だったら、納税猶予を解除し、住宅用地の課税標準の軽減特例の軽減額相当額の固定資産税（利子税を含む）を追加徴収する制度にすれば、一時的な税負担逃れも防止できる。

③　相続空き家の譲渡の促進

　相続空き家の譲渡の促進に対しては、相続空き家の譲渡所得の3,000万円の特別控除の特例制度が平成28年度税制改正で創設済みである。この制度は、空き家を取り壊して更地で譲渡した場合でも、この制度が適用されるため、この点では、空き家の除却（取壊し）の促進に対するインセンティブはあるといえる。ただし、耐震性がない空き家をそのまま譲渡する場合には、耐震リフォームが要求されており、耐震リフォームが困難な古家については、適用のハードルが高いといえよう。そういった意味では、この制度における建物の築年月日の制限や建物耐震基準については緩和してもよいのではないかと考える。

④　相続空き家の相続時における小規模宅地の特例

　相続時は、空き家の敷地は、本来更地評価となるが、相続人が将来居住

用家屋の建築見込みを前提とし、小規模宅地特例の要件に合致する計画を提出することを要件として、更正の請求による相続税の還付ができるような制度創設も空き家の発生を抑制するのに有効であろう。

2 用途転換の促進

(1) 用途転換には、法的規制も影響するし、投資負担も伴う

　空き家数の増加や空き家率の増加に歯止めをかけ、なおかつ、既存住宅を社会資本ストックの一部として有効に活用することを考えるならば、住宅以外の用途として活用することが有効である。とりわけ、人口・世帯数が減少しはじめている地域では、需要が見込み難い住宅を住宅以外の用途にリノベーションして、地域活性化そのものに役立てていけるよう工夫すべきであろう。

　例えば先述したように、空き家をリフォームやリノベーション等によって、保育園や高齢者施設、宿泊施設等として活用したり、インターネット等の情報通信環境を充実させることによりSOHO（Small Office / Home Office：スモール・オフィス／ホーム・オフィス）として活用したりすることが考えられる。これらの施設が充実していくことによって、新しい人口・世帯を呼び込むことができれば、空き家数や空き家率そのものも減少していくこととなろう。

　このような住宅以外への用途転換を促進するためには、用途地域等の規制を緩和するとともに、用途転換のための投資に対するインセンティブを付与することや、住宅のみに適用されている優遇措置等の適用範囲を拡大することが必要になる。もちろん、良好な住宅地に住宅以外の施設が整備されることによるデメリットについては、個別に検証していく必要もあろう。例えば保育園等は、全国的に不足しているにもかかわらず、新設しようとすると騒音問題等によって、近隣から反対されるケースも出てきている。こうした問題については、個別に対処していく必要があることも忘れてはならない。

（2）新しい税制の創設によって、用途転換のインセンティブを確立する

① 固定資産税等の軽減特例

空き家は、保育園、高齢者施設、宿泊施設への用途転用が考えらえる。

現状、固定資産税等の住宅用地の課税標準の軽減特例以外にも、医療（開放型病院等）や地域のケア付き住まい（認知症高齢者グループホーム、障害者グループホーム、重度身体障害者グループホーム）、少子化対策（幼稚園、認証保育園など）には、固定資産税等の減免措置がなされている。

② 資本的支出の即時償却による所得税又は法人税の税額圧縮

空き家の保育園、高齢者施設、宿泊施設への用途転換を促進するためには、これらへの用途転換するための資本的支出を、所得税又は法人税の所得計算上、即時償却できるようにする制度を創設するのはどうだろうか。その際、宿泊施設に関する収入の所得区分は個人所得税法上、雑所得となるのが原則である。資本的支出を即時償却とすれば、資本的支出をした年分の雑所得が赤字となる可能性もあり、他の所得と損益通算ができない雑所得の赤字は、切り捨てられてしまう。この場合には、宿泊施設に関する資本的支出に係る即時償却に相当する部分を繰越控除できる制度の創設などで対応するのも一考であろう。

③ 既存住宅活用に対する所得税又は法人税の投資減税等や優遇措置

既存住宅を活用して賃貸への用途転換が考えられるが、既存住宅を活用して得た所得に対しては、所得税又は法人税の所得の計算上、投資減税などの税額軽減や優遇措置を創設するなどの措置が考えられる。

3 複数住宅所有の促進

(1) 今の日本の社会システムは、一世帯＝一戸が前提となっている

　日本ではこれまで、一世帯当たりの住宅戸数は一戸であることが前提であった。したがって、二戸目以降の住宅を所有することは投資用とみなされ税負担も重くなっている。しかしながら、本格的な人口・世帯数減少時代を迎え、空き家数や空き家率が増加していくことを踏まえると、一世帯が所有する住宅が二戸以上になることを認める、つまりは、二地域居住や多地域居住を積極的に促進していくことも一考に値するのではないだろうか。もちろん、都会暮らしと田舎暮らしの両方を楽しみながら人生を豊かに過ごすことによって、QOL（Quality Of Life：クオリティ・オブ・ライフ）の向上に資することも期待されるが、高齢化社会の進展に伴い、親の介護問題等で二地域居住の必要性に迫られる生活者も今後はますます増えていくと見込まれる。更に言えば、女性の社会進出が進み、「家族」の形態も多様化してきている。例えば単身赴任も、従来のように夫だけではなく、妻が単身赴任するケースも徐々に増えてくるのではないだろうか。多様化する生活者のライフスタイルに対応できるよう、社会システムの柔軟性も確保していく必要があろう。

　先述したように、二地域居住実践者からは、「往復交通費や住居を持つ場合の住居費用、税金、光熱費等の公共料金の支払いが負担になっている」ことに対する支援ニーズが高いと指摘されている。従来の社会システムを見直し、二地域居住や多地域居住がしやすくなるような仕組みづくり、言い換えれば、二地域居住によって増える負担を軽減する仕組みづくりも、空き家率の維持・低下に向けて有効だろう。

（2）新しい税制の創設によって、複数住宅所有のインセンティブを確立する

① 二地域居住や多地域居住の場合の所得税の納税地の選択

　所得税に対する納税地は、原則として生活の本拠があるところが納税地となる。実務的には、住民票のあるところが納税地となる。二地域居住や多地域居住など、生活の本拠以外に居住がある場合には、どちらか選択できる制度などがあればいいかもしれない。いわゆるふるさと納税のように、納税先の選択制度ができるという制度である。

② 二地域居住や多地域居住への相続税の小規模宅地の特例の適用

　相続税の小規模宅地の特例は主たる居住用宅地にしか適用できないが、二地域居住や多地域居住にも選択することができる制度を創設するのもいいだろう。

　小規模宅地の特例は適用面積に限度があるため、単価の高いほうに適用するほうが有利となる。都市部以外の人が、都市部の空き家を二地域居住や多地域居住として購入するようになるかもしれない。

　一方、都市部に居住用宅地を所有している人が、都市部以外の空き家を二地域居住や多地域居住として取得した場合に、都市部の居住用宅地について、小規模宅地の特例の適用面積を増加させるといった制度の創設も、空き家の活用を促進できるかもしれない。

③ 二地域居住や多地域居住に対しての住宅ローン控除の適用

　二地域居住や多地域居住の住宅取得に対して、住宅ローン控除を適用する措置を創設するのはどうだろうか。また、二地域居住や多地域居住の住宅取得に対して、住宅ローンではない取得にも、一定の所得控除や税額控除を認める制度の創設もいいかもしれない。

　また、住宅ローン控除の適用期間が終了しているものの借入金残高がまだ残っている住宅を所有する者が、二地域居住や多地域居住として住宅を購入した場合、住宅ローン控除を現行の控除期間10年から伸長することが

できる制度の創設も、二地域居住や多地域居住としての空き家の取得を促進するであろう。

④　二地域居住や多地域居住への移動交通費の所得控除

交通機関を利用している人に支給する通勤手当または通勤用定期乗車券の非課税限度額の上限額は15万円である。また、単身赴任者の帰省旅費については、実費精算であっても、給与所得として課税される。

二地域居住や多地域居住の住宅を所有している場合の通勤手当又は通勤用定期乗車券の非課税限度額の上限額についても、修正する措置、また、帰省に要する交通費の一定額は、所得控除（帰省費用控除）として認める措置を創設するのもいいだろう。

⑤　直系尊属等からの住宅取得資金贈与の非課税特例の適用

二地域居住や多地域居住の住宅の取得にも、直系尊属等からの住宅取得資金贈与の非課税特例の適用を拡大させる。

⑥　「同居」概念の修正

税法上、「同居」とは、（おなじ）家屋で、共に起居することをいう。女性の社会進出の更なる促進に向けて、所得税法上の扶養家族の要件、相続税法上の小規模宅地の要件にある「同居」という概念は、「おなじ家屋」としなくていいのではないか。たとえば、夫と妻が別々に住宅を取得したとしても、税制優遇がそれぞれに適用できる制度を創設することがあってもよいのではないか。

4 リフォームの促進

（1）リフォームしやすい環境整備は、空き家活用および既存住宅流通を促進する前提となる

　空き家活用および既存住宅流通を促進していくためには、リフォームしやすい環境が整備されていることが前提となる。リフォームを促進するだけでは、空き家活用や既存住宅流通が進むわけではないが、空き家を活用するうえでは何らかの形でリフォームが行われることになるし、既存住宅の流通前後でもリフォームが行われることが多い。そのため、空き家活用および既存住宅流通を促進していくためには、リフォームしやすい環境整備が不可欠といえる。

　しかしながら先述したように、国内のリフォーム市場は、ポテンシャルは高いものの、期待されているようには伸びていない。リフォームを依頼する事業者の探し方の分かり難さや、リフォーム工事費用の妥当性の分かり難さ、リフォームに対する資金調達環境が未発達であること等々が、リフォーム市場の拡大を阻害している。新築住宅市場並みに、リフォーム市場を取り巻く様々な環境の整備を進めることが求められる。リフォームしやすい環境整備によって、空き家活用や既存住宅流通が促進されれば、結果としてリフォーム市場も拡大していくことが見込まれる。単純なリフォーム市場が伸び悩むなか、こうした好循環を生み出していく必要があるだろう。

(2) 新しい税制の創設によって、既存住宅のリフォームのインセンティブを確立する

① 二地域居住や多地域居住の住宅の増改築等の所得控除

　耐震改修工事やバリアフリーのリフォーム（増改築等）については、現行では、所得税の税額控除がある。二地域居住や多地域居住の住宅の増改築についても、所得税の税額控除ができる制度を創設すれば、空き家を二地域居住や多地域居住の住宅として取得することの促進となる。

② 空き家のリフォーム（増改築等）費用の住宅ローン控除

　リフォーム（増改築等）費用について、工事代金100万円超のものを対象とする住宅ローン控除制度があるが、空き家の取得を促進するのであれば、下限金額の引下げや自己資金によるリフォームに対する税額控除などの制度の創設・拡大が必要となろう。

　また、現行の住宅ローン控除期間は10年であるが、リフォームをすることで、控除年数を伸長させる制度の創設があってもよいのではないか。

5 既存住宅流通の促進

（1）既存住宅の売却側にインセンティブが乏しい

　既存住宅流通の促進を図ろうとした際、購入側のインセンティブは既にある程度見出すことができる。例えば、新築住宅に比べ安価に購入できることや、新築住宅が少ない地域で取得できること、レトロなデザイン・雰囲気の住宅を購入できること等、購入者は既存住宅ならではの良さを享受することができる。しかしながら、売却側から見ると、売却益を得ること以外の明確なインセンティブを見出すことが難しい。特に、相続した住宅が空き家になっているような場合、所有者が積極的に売却しようとするインセンティブが働かないため、放置されてしまうケースも多い。空き家や既存住宅を売却する際のインセンティブを付与することができれば、既存住宅流通市場は一気に拡大するのではないだろうか。

　さらには、近年普及しつつある、リノベーション事業や買取再販事業と呼ばれるビジネスの普及を促進させることも有効である。本事業の収益の源泉は、リフォームやリノベーションに関する工事の収益に加え、対象住宅を購入した時点と売却した時点の差額（キャピタルゲイン）となる。そのため、本事業は不動産市況に大きく影響を受けることになり、市況変動に連動して業績が安定しない場合が多い。つまり、地価上昇局面ではキャピタルゲインを得やすいけれども、地価減少局面ではキャピタルロスになってしまう。何らかの方法で、このリスクをヘッジすることができれば、市場拡大が進むのではないだろうか。

（2）新しい税制の創設によって、既存住宅の流通のインセンティブを確立する

① 空き家の売却益に対する優遇税制

空き家の売却側のインセンティブを確立するために、空き家の売却益に対する優遇税制等の拡大その他による対応が考えられる。

② 居住用財産の買換特例の適用

自宅（居住用財産）の売却益についてその益を繰り延べる居住用財産の買換特例の適用につき、売却の前後3年程度しかない買換資産の取得期間の拡大や、買換資産の土地面積の制限（現行500㎡以下）撤廃、買換資産の中古建物（既存住宅）の築年数（耐火建築物で25年以内の建築物）制限撤廃などの制度改正があれば、買換資産の購入は長期的視点で行うという前提で、空き家についてまずは売却するという選択ができるようになる。

また、二地域居住や多地域居住の住宅→居住用財産（自宅）、二地域居住や多地域居住の住宅→二地域居住や多地域居住の住宅、居住用財産（自宅）→二地域居住や多地域居住の住宅にも、居住用財産の買換特例の適用を認める制度創設も検討の余地がある。

③ 相続空き家の譲渡の3,000万円特別控除

相続空き家の譲渡の促進という観点からは、平成28年度税制改正で創設された相続空き家の譲渡所得の3,000万円特別控除の制度がある。この点では、この制度は、相続空き家の売却の促進に対するインセンティブはある程度働く。ただし、同制度における建物の築年月日の制限や建物耐震基準については緩和すべきではないかと考える。さらに、被相続人の所有していた二地域居住や多地域居住の住宅にも、譲渡所得の3,000万円控除と同様の制度創設などが考えられる。

④ 税法上の「居住用」の概念の修正

各々の税務上の優遇措置で定めている自己の居住用、主たる居住用といった定義における「居住用」は、世帯で一つという定義を時代に合わせ

て変える必要があるのではないか。

空き家3割時代到来！
激変する既存住宅ビジネスと税制活用

2017年5月10日　発行

著　者	榊原　渉／大野　貴史／長岡　栄二／平田　久美子　Ⓒ
発行者	小泉　定裕
発行所	株式会社 清文社　東京都千代田区内神田1-6-6（MIFビル） 〒101-0047　電話03(6273)7946　FAX03(3518)0299 大阪市北区天神橋2丁目北2-6（大和南森町ビル） 〒530-0041　電話06(6135)4050　FAX06(6135)4059 URL http://www.skattsei.co.jp/

印刷：奥村印刷㈱

■著作権法により無断複写複製は禁止されています。落丁本・乱丁本はお取り替えします。
■本書の内容に関するお問い合わせは編集部までFAX(03-3518-8864)でお願いします。
■本書の追録情報等は、当社ホームページ（http://www.skattsei.co.jp/）をご覧ください。

ISBN978-4-433-67387-1